學會寵愛自己

走到哪裡都是女神降臨

恩茜 —— 著

不看眼色

不受擺布

不為別人而活

向7位希臘女神學習做一名極品女人

崧燁文化

目錄

目錄

第四章　愛與美神阿芙蘿黛蒂

第五章　爐灶女神赫斯提亞

目錄

第七章　春之女神波瑟芬妮

序言

妳是否愛自己？妳是否想重新獲得愛？是的，這是一則對新女性的舊時代提問。要擁有成功和滿足的生活，今日的妳必須重新審視現今社會對其自身流行的看法，讓自己成為完全自由和真正獨立的女性。

現實的社會規範及倫理道德對女人來說並不怎麼客觀，而我們要做的不是無奈接受，也不是任勞任怨，而應該重新站起來，找回我們曾經對於生活的勇氣和愛，做自己的女神！

第一章　智慧女神雅典娜

女神故事

雅典娜是希臘奧林帕斯十二主神之一，羅馬名字是米娜瓦，傳說是宙斯與聰慧女神墨提斯所生，因有預言說墨提斯所生的孩子會推翻宙斯，宙斯遂將她整個吞入腹中，誰知頭痛不已。在忍無可忍的情況下，宙斯召來赫菲斯托斯，劈開自己的頭顱；而從宙斯的腦袋裏，就跳出一位全身甲冑、舉著金矛的女神，她就是雅典娜。

雅典娜是位處女神，具有威力與聰慧，為宙斯最寵愛的女兒。雅典娜是雅典人最崇拜的女神，雅典城的名字也是用這位女神的名字命名的，而且亦是她專有的城市。她傳授希臘人紡紗、織布、造船、冶金和煉鐵等各種技能，還發明犁耙馴服牛羊，因此她也是農業與園藝的保護神。

雅典娜在希臘得到廣泛的崇拜，如雅典就建有希臘宗教藝術的典型象徵帕德嫩神廟，意思是女神侍女們的住所。雅典娜從遠古時期開始，就已是一位重要的神祇，米諾斯文明的線形文字上早已出現了她的名字；邁錫尼石板上也曾以「女主人」稱呼過雅典娜。

而按照皮拉斯人的說法，女神雅典娜出生於利比亞的特里托尼斯湖湖畔。有三位利比亞神女發現了她，於是給她穿上了山羊皮的衣服，並哺育她成長。當她是個少女時，在一次玩耍中失手殺死了自己的小玩伴帕拉斯。為了表示哀悼，她將帕拉斯的名字放在自己的

名字之前。她後來取道克里特，來到雅典。

由於這段資料是根據皮拉斯人這個古老民族的傳說所記載的，因而引導了許多學者把雅典娜的起源與利比亞的女神聯繫起來。這種觀點還有幾個佐證資料：

「雅典娜的神像所穿的衣服看起來是希臘人從利比亞婦女那裡學來的。因為除了利比亞婦女的衣服是皮製的及她們那山羊皮短衣的衣穗不是蛇之外，在其他地方她們的服飾都是相同的。而且這個名稱的本身便證明，帕拉斯．雅典娜神像的衣服是從利比亞來的。」

「與瑪科律埃及斯人相鄰的是歐塞埃斯人，他們和瑪科律埃斯人中間隔著一條河，他們住在特里托尼斯湖的岸邊……他們對雅典娜神每年舉行一次祝祭，在祝祭的時候，他們的少女分成兩隊，互相用石頭和木棒交戰，據說他們這樣做是遵照他們祖先的方式來崇敬那位我們稱之為雅典娜的女神。」

現在我們具體來看關於雅典娜的故事……

很久很久以前，希臘半島居民稀少，只有少數幾個人住在山洞裡，過著很簡陋的原始生活。後來，這個地方來了一個名叫賽克洛普斯的蛇身人，憑著他的智慧，教導當地居民耕種、烹調和縫製衣服。後來還教導他們修養品德和信仰神明。從那時候起，希臘半島上的居民在物質生活和精神生活方面，都有很大的改善。大家都很感激賽克洛普斯，於是擁

戴他為國王。

賽克洛普斯帶領大家過著快樂的日子。直到有一天，這個地方來了兩個高貴的人，男的是海神波賽頓，女的是智慧女神雅典娜。他們都希望自己能成為這個地方最有名的大人物。

海神波賽頓說：「各位！這座城堡必須用我的名字命名。大家要遵奉我為守護神。如果你們願意這樣做，我會賜給大家船舶、金銀和許多寶貝。」大家聽了，都拍手叫好。波賽頓就以為自己就是這個地方的守護神了。

但沒想到女神雅典娜卻對大家說：「你們應該用我的名字作為這座城堡的名字，並且擁護我為你們的守護神。你們只要這樣做，我就賜給你們萬事萬物中最寶貴的智慧。」

這時候大家都感到很為難，到底要以哪一位天神的名字為城堡命名呢？大家經過討論的結果，決定了請兩位天神比賽一下，看哪一位要送給大家的寶物比較好，他們就擁護哪一位為守護神。

兩位天神都用盡全身功夫，表演自己最拿手的絕活，以換取居民的喜愛。

首先是海神波賽頓的表演。他一手舉起又長又尖的三叉戟，向遠處的山岡擲去，山上立刻冒起一陣白煙，跑出來幾匹白馬，跑到大家的面前。波賽頓說：「這是世界上最好的馬，我把這幾匹馬送給大家。」可惜這裡的居民沒有見過馬，自然也不會騎馬。馬有哪些用途，他們根本不懂，更不會認為馬是什麼寶貝了。

輪到女神雅典娜表演了，她面露微笑，拿起一支長槍往地上一戳，地上立刻長出許多枝葉茂盛的橄欖樹。居民一看到橄欖樹，都認為這種樹很寶貴，於是決定用雅典娜的名字作為城堡的名字，這就是希臘的首都叫做雅典的由來。

後來雅典娜女神真的賜給雅典的居民最寶貴的智慧，使雅典人成為世界上具有最高度智慧的民族，並且創造出輝煌燦爛的雅典文化。

至於海神波賽頓送給雅典居民的白馬，最初的確讓雅典人傷透腦筋，誰也不知道該如何對待這些馬匹。雅典娜很聰明，她又教雅典人製造各種馴服馬的馬具，使他們不但會騎馬，可以馬代步，而且還能用馬拉戰車，於是馬成為一種很受大家歡迎的動物。

關於她的智慧，體現在現代英文中「哲學」一詞，這個單詞源自希臘文，意思為「愛智慧的」，這正代表了希臘人的一種性格－熱愛智慧。從希臘人的神話中我們可以看到英雄奧德修斯對女神雅典娜說過這樣一番頗有深意的話：

「偉大的雅典娜啊，但願我的無知沒有冒犯您，也沒有惹您生氣。像您剛才的化身，我是無法認出的。因為辨認天神的能力，不論憑智慧，或是憑學問，都難以得到，就算是人間最聰明的人，也極難猜中。只有您樂於賜予恩寵的人，才能從您一切變化的形象中認出您來。您對不同的人顯出不同的形象。所有的人都毫不懷疑的以為了解了您，以為已經得到了您。您就是智慧。可是人們卻常把假的智慧，或貌似您的東西，當作真正的您：因此，看見您的假像的人很多，但看見您的真身的人卻很少；只有那些愛您勝於愛一切的人，才能從您這裡得到啟示，才能認識您。可是有一點我是確實知道的，那就是當希臘的男兒們和特洛伊作戰的時候，我曾有幸見過您許多次；但從那時以後，直到現在為止，我一直沒有機會再見到您。在這一段時期，因為沒有您，我只是憑藉自己的機智在到處流浪，盲目的引導著自己在世上亂闖。」（摘錄自《奧德賽》）

在《神譜》中還有這樣的記載：

「……他們之所以建議宙斯這樣做，是為了不讓別的神靈代替宙斯取得永生神靈中的王位；因為墨提斯註定會生下幾個絕頂聰明的孩子，第一個就是明眸少女特里托革尼婭（即雅典娜），她在力量和智慧兩方面都與她的父王相等。但這之後，墨提斯將生下一位傲岸的兒子做眾神和人類之王。然而，宙斯搶先把她吞進了自己的肚裡，讓這位女神可以替他出主意，讓他能逢凶化吉……雅典娜之母、正義的策劃者、智慧勝過眾神和凡人的墨提斯仍然留在宙斯的肚裡。雅典娜女神在那地方接受了神盾，有了它，她的力量便超過了住在奧

林帕斯的一切神靈。這神盾成為雅典娜的可怕武器。宙斯生下雅典娜時，她手持神盾、全身武裝披掛。」

智慧女神雅典娜代表著光明，並且繼承者父母的力量。她心地善良，愛恨分明，痛恨一切殘暴的行為。希臘人認為雅典娜是戰無不勝的，因此她也被稱為女戰神。然而雅典娜厭惡戰爭，因此她教會人們種植象徵和平的橄欖樹。

女神分析

勇敢、強大而又善良、仁慈

我們可以透過雅典娜誕生的故事中，體會到雅典娜的強大、勇敢、仁慈與善良：

「現在，諸神之王宙斯首先娶墨提斯為妻，她是神靈和凡人中最聰明的人。在她就要產下明眸女神雅典娜時，根據星光燦爛的烏拉諾斯和蓋亞的忠告，宙斯花言巧語的騙過了墨提斯，將她吞進自己的肚裡……因為他害怕蓋亞可能生下比擁有雷電武器還要厲害的孩子……但墨提斯立刻懷上了雅典娜，人類和眾神之父宙斯在特里托尼斯湖岸上，從自己的頭腦裡生出了這個女兒……雅典娜在那個地方接受了神盾，有了它，她的力量便超越了住

在奧林帕斯的眾神靈。」

就這樣，透過雅典娜從宙斯腦中「再生」的故事，她具有了高貴的出生，成為了神聖家族的成員。儘管這個雅典娜誕生的故事不是唯一的說法，但這種說法古人認為是最準確的，因為它被認為是由雅典娜的祭司親口說出。

雅典娜的勇敢、強大是源於父母的遺傳，對於一個女性來說，具備這樣的品格是很讓人欽佩的；而她的善良與仁慈，卻又是後天自己所形成的性格，因此她討厭戰爭，而教導人們種植象徵和平的橄欖樹。

因此，可以說，雅典娜是一個為正義、和平而戰的女神。

沒有女性朋友

雅典娜從宙斯的頭中出生時，就已發展完成，且全身武裝配備，這也就對世界文學提供了一個它最常用的比喻。她是很適合雅典一個的女神，用自己足以自豪的童貞來安慰少女們，用軍事的熱情鼓勵男人，將屬於宙斯和墨提斯的女兒的智慧，加諸於伯里克利以象徵自己。因此雅典人也向她獻出了最可愛的神殿和最華麗的節日。

因為沒有女性朋友，女神雅典娜在性格中帶有一種不經意的孤僻。事實上，假如一個

女性能有一個或幾個女性朋友聊天，會在一定程度上減輕她的生存壓力，對於女神雅典娜來說也是如此。

美國電影《YAYA 私密日記》上映之後，曾經轟動一時。因為它讓許多美國女性產生了共鳴。這是一個關於四個女人終生為友的故事。這部影片表現出五十年來她們身上發生的巨大變化。她們永恆的友誼一次又一次的將她們從災難中救出。若是沒有這些好女朋友在她們的身邊，她們一些重要的戰鬥就絕對不會贏。

雅典娜如果也同樣擁有這樣的朋友，那麼，當有一天艱難的時期來到，這些女人一定會設法讓她從災難中走出來，畢竟，強者的天空也是有限度的。俗語說的好：「在順境中，朋友結識了我們；在逆境中，我們了解了朋友。」

善於掌握尺度，重視思考與判斷

在希臘神話中，雅典娜有不少的發明創造。她的事蹟往往還和其他神祇尤其是波賽頓的事蹟形成鮮明對照，體現出文明進步的特徵。她的發明有：笛子、鼓、陶器、犁、耙、牛軛、馬車、船等。她教導婦女烹飪、紡織。儘管她一直是戰爭女神，但她並不像艾瑞斯那樣好戰，而是寧願用法律手段解決爭端。

所以我們可以說，在希臘宗教中，雅典娜作為和平女神的特性已經遮蔽了她作為戰爭女神的本質。她原先具有的那種兇狠、殘忍已逐漸消失。

當波賽頓用蠻力制服馬匹時，雅典娜卻用成套的馬具對付野馬，使之成為希臘文明生活的一部分；

當波賽頓在大海中興風作浪時，雅典娜卻幫助人們造出船艦；

波賽頓用他的三叉戟使大地冒出鹹水，而雅典娜卻在周圍種上橄欖樹。即使在特洛伊戰爭中，雅典娜也不是蠻勇的象徵，而是戰爭舞蹈、技藝和準則的發明者。

天生「工作狂」

雅典娜也絕對是一個天生的「工作狂」。她是法律和秩序的保護神，她傳授希臘人紡紗、織布、造船、冶金和煉鐵等各種技能，還發明犁耙，馴服牛羊，因此她也是農業與園藝的保護神。可以說，她的一生是在緊張、繁忙中度過的，加上她的同性朋友又少，所以她畢生都處於不斷的奮鬥狀態中。

屬於成功人士

雅典娜一生做了許多的工作，受到萬眾推崇，因此她是絕對意義上的成功者。

A型氣質明顯

很顯然，雅典娜屬於A型氣質的人，這類氣質的人的行為特性包括以下三種：

第一，爭強好勝，要求自己必須成功。

第二，急躁，總是有時間緊迫感。

第三，一味的奮鬥，總是在追求成功，一次承擔許多任務。

女神修練

靜心投入工作

☆ 尋找壓抑源頭

任何人在不經意間出現工作失誤或情緒不振，一定是事出有因，我們應該重新回憶分析失誤的前後過程，或在下班回家途中自問自答，或睡前在日記上回憶並分析造成麻煩的

主要原因，寫下「工作方法需改進」、「工作投入度有沒有問題」、「在會議開始前五分鐘趕到公司」、「再重新看一下資料」等醒目的大字。這些都是情緒壓抑時解決問題的最好提示，大字的作用就是讓人過目不忘。

☆　**側耳傾聽他人意見**

給其他部門的人打電話，聽一聽別人工作上的事，而且不局限於談工作，盡量拓展話題。此外，還應常與公司以外的人交流，變換一下談話環境與氛圍。比如去海濱旅遊時與丈夫一起參加游泳團活動，週末去山區度假時主動結識同行的人員、學生，在與他們交談中有所發現、有所感悟。總是聽圈內人談話，很難擺脫一種慣性思考，而與不同的人交談，會令思維方式更加靈活。

☆　**熱情投入某種興趣之中**

身為主要工作帶頭人士，「必須按期完成」這類指令會給自己壓力，此時不妨將某項體育愛好（像參加潛水訓練）作為自己擴展思路的引子，藉以擺脫抑鬱情緒困擾。處於工作以外的世界有利於恢復自我平衡能力。

☆　**勞逸結合的工作**

隨著競爭愈來愈激烈，現代職業女性的工作節奏日趨緊張，精神上容易產生巨大壓

力，精神上和身體上的超負荷狀態對健康是非常不利的。如果不注意休息和調節，中樞神經系統

持續處於緊張狀態會引起心理過激反應，久而久之可導致交感神經興奮增強，內分泌功能紊亂，產生各種身心疾病。因此，職業女性要注意緩解心理上的緊張狀態，做到勞逸結合，張弛有度，合理安排工作、學習和生活，堅持體育鍛鍊。

☆ 按抑鬱類型變換解決方式

抑鬱感可分多種類型：疲勞、人際關係、工作中的難題……先學會區別，然後適當變換解決方式。對於疲勞，可透過旅遊、音樂會等活動得到充分放鬆。人際關係問題則可透過積極參與公司以外的各種活動（比如參加社工團體）予以解決，而且沉迷得越深效果越明顯。若是工作中遇到了棘手問題，此時妳應該注意盡量避免鑽牛角尖，否則既不利於問題的解決，又會對心理產生不良影響。讓工作既存在熱情又與人保持適當的距離是必要和極有效率的做法。

☆ 以正確心態積極面對

如果把人大腦上的神經元比喻作電腦硬碟，那麼，個人在單位時間內處理資訊的能力就受制於電腦的記憶體。若硬碟很大，但如果與它搭配的記憶體很小，電腦的作用就難發

揮；若記憶體很小，但你對其中的垃圾文件和病毒都能及時進行清理，那麼，電腦也能運轉良好。

以正確心態積極面對，就是要求自己及時刪除垃圾文件，及時掃除病毒。其實，這就是時下各種勵志類書籍反覆講述的內容：要善於自省，對他人寬容，多付出，善於利用時間等等。如果心態積極了，你的記憶體和硬碟就不會有問題，你做什麼事情都能踏踏實實，抓住屬於自己的機會。

☆加強情緒鍛鍊

減壓的最好方法並不是體育鍛鍊，而是情緒鍛鍊。所謂健康，不僅指身體健康，還包括了心理健康。世界衛生組織對健康的定義是：「健康是一種身體上、精神上和社會上完全安寧的狀態，不只是沒有疾病。」長壽學家胡夫蘭德在《人生長壽法》中說：「一切不利的影響因素中，最能使人短命夭亡的，莫過於不良的情緒和惡劣的心境，如憂慮、頹喪、懼怕、貪求、怯懦、忌妒和憎恨等。」一個人心情舒暢，精神愉快，中樞神經系統就會處於最佳功能狀態，那麼，這個人的內臟及內分泌活動在中樞神經系統調節下會處於平衡狀態，從而使整個身體協調，充滿活力。

注意情緒鍛鍊，這就需要我們在生活的不幸面前，保持冷靜的思考和穩定的情緒，遇事冷靜，客觀的做出分析和判斷。要多方面培養自己的興趣與愛好，如書法、繪畫、集郵、養花、下棋、聽音樂、跳舞、打太極拳等，修身養性，陶冶情操。

☆ 有自知之明

正確評估自己的能力與水準，遇事要盡力而為，適可而止，不要好勝逞能而去做力不從心的事，只做自己力所能及的事；不要過於計較個人的得失，不要為一些雞毛蒜皮的事而動輒發火；要學會克制憤怒，消除怨恨，建立和保持和睦的家庭生活和友好的人際關係、鄰里關係。這樣一來，即便遇到問題，也可以得到各方面的支援與協助。

☆ 發掘內在的智慧

任何人，與生俱來都有內在的智慧，你來到這個世界之時，已被無限的智慧全副武裝起來。你自己的身體裡有一個可以讓你與無限的神聖泉源互相溝通的地方，你只需要光顧這個地方便可以充分啟發智慧。

智慧是情感、精神和思想演化的最高層次，一旦你達到了這個層次，你就會像看重你的資訊那樣看重你的直覺，像看重你的能力那樣看重你的意願，像看重你的知識那樣看重你的靈感。

發掘你自身內在的智慧，並達到自我演化的最高層次。它能夠提高你的境界，促使你

走上人生的正確道路，以便你能夠在學好原有知識之後，為其他人做出相應的貢獻。

摒棄完美概念

☆ 正確看待自身生活

你是否考慮過，放棄日常工作去認真看待自己現在的生活？不經過諸如戀愛、疾病或者死亡等種種重大事件，能夠這麼容易的認識生活嗎？

在你的心目中也一定蘊藏著重視生活的能力。請你閉上眼睛想一想，你怎樣形容「我的生活」。你可以抓住一瞬間用你的眼光去表達你對生活的真正看法。你也可以這樣問自己，生活是陰暗的還是光明的？是輕鬆的還是艱難的？

☆ 確認內心真正的需求

人生，每時每刻都站在選擇的路口。你要不就是讓你自己與你真正的人生道路相一致，要不就是和它背道而馳，沒有居於二者中間的行為。

發自內心的行為帶你走近你的真正自我，就像與你喜歡的朋友待在一起；而虛假的行為讓你疏遠你的真正自我，就像有的人你根本不喜歡，但卻無可奈何的和他待在一起。每一種選擇都對你的人生具有重要的影響。

回顧你在人生的某段歷程中所做出的真正選擇。或許它是一個要自己做出某一行動的強烈願望，或許它是一種需要了結的浪漫關係，或許它是一份你需要重新尋找的工作，不管是什麼，你都要問自己是不是這些是你喜歡的，是不是你內心真正的需求？

☆ 掌握好工作和娛樂的平衡點

·利用你的娛樂網

在你需要娛樂時，不要忘記了它的用處，也可以向善於為自己找快樂的朋友求教。

·讓你的生活充滿笑容

不管你是在做什麼，如果你添加入一些笑料的話，它就會變得更為有趣。你不必擔心別人會笑你愚蠢或其他什麼的。

·為你的心血來潮留出餘地

永遠記得給自己留一點時間，以應付心血來潮而想出來的一些新念頭。如果你沒有將計劃安排得太滿，而是留出了一點空閒的時間，那你的那些因為心血來潮而想到的樂趣就會出現。

・找一個精神上為自己打氣的方法

在每天的工作計劃中，添加進一些娛樂和恢復精神的內容，即使是出現某些特殊情況也堅持不懈。這會有助於更好的平衡自己的生活，有助於深切的體會到生活的價值和快樂。

・做確定的事情

如果你知道某些活動或是某些人肯定會很有趣，那就定期的去做或拜訪它（他）們。要是有哪一部電影讓你開懷大笑，那就把它買回來，每當自己需要娛樂充電的時候就看一遍。

・為瑣碎小事慶賀

給自己過一個開心的節日。你可以慶賀自己在週一早晨早起了，可以慶賀自己完成了一個報告，也可以慶賀自己洗了車。邀請你的朋友出去野餐，帶些點心和汽水，或者跟你往來密切的朋友辦一個慶祝晚會。

用心尋找一個好的女性朋友

找一個好的女性朋友其實並不是一件容易的事情，這也是為什麼很多優秀的女性，總是孤獨的一個人面對生活和工作中的一切事務的主要原因。關於這一點，雅典娜的事實就是最好的例子。那麼，好的女性朋友到底具備哪些特點呢？也就是說，我們如何透過某些

特點來判定她是我們應該結交的女性朋友呢？

具體特點如下：

☆感情親密：一些好的女性朋友會是我們情感親密的最好的根源之一。能對她們傾訴我們埋在心底的關於人生、希望和夢想的祕密對我們的身體健康有好處。

☆世界觀相同：很多女性之間之所以能夠成為知己，更多的是因為它們具有相同的世界觀。儘管我們並不總是有相同的生活方式，但我們可以以相同的方式看待人和事。

☆坦誠：好的女性朋友會實話實說。她不僅很在乎我們，會告訴我們她的想法，而且當我們錯了的時候，她依然願意告訴我們她的想法。

☆珍愛：最好的女性朋友的言語和行為會讓我們感覺被人珍愛。她們明白我們的意圖，儘管她們並不完全同意我們，但還會支持我們的決定。

☆同甘苦：好的女性朋友會與我們同甘共苦！她們會努力的與我們並肩作戰。不管生活是充滿艱辛，還是一切都很順利。她們永遠都在我們的生活之中。

☆忠誠：好的女性朋友不會在背後說我們的壞話，不管我們在或不在。她們都忠於我們的利益。她們不會撒謊、欺騙或者奪走我們的朋友、丈夫或搶我們的風頭。

☆歡笑：女性朋友是我們歡笑與樂趣的主要根源。彼此之間樂於分享女人的經歷。女人們都知道。有時只有女人才能明白我們到底想談論男人的哪些方面！

友情是可貴的，對於女性來說，得到女性友人的力量與支持，是女性最珍貴的後盾。

女友的陪伴、同情和傾聽又給女性以友情的力量。特別是有些女性有著從困頓中重生的經歷，人生經歷很具啟發性。她們能控制自己，並能獨立、平靜的面對一切，這種精神能增強女性的力量，特別是集體抵禦「自然災害」的力量。

女性之間的誠摯友誼發展得好，就會建立起美好的感情，就像姐妹一樣，既互相傾聽，又互相幫助，所以用心尋找一個好的女性朋友，的確應當被提倡。

女神提示

如何測試健康和病態的自我專注

雅典娜是在父親的庇護下成長起來的，所以在她成年後，帶有一定程度上的自戀困惑，也就是說，她不明白自己的狀態是屬於適度的專注於個性和成就，還是屬於專注於自誇和要求人人為之歡呼的表現欲的行為？那麼你呢，也來做做這個測試吧。

☆　發自內心的問自己，你是否覺得自己比別人出色？

☆　如果你不是人們目光的中心，你是否會感到緊張或孤單？

☆　別人是否覺得你常常很傲慢？

☆　有時你是否很難控制自己的怒火？

☆當別人沒能達到你的標準時，你是否常常生氣？
☆你是否會向別人展現自己的成就？你是否想得到所有人的讚美？
☆你是否要求要按照自己的方式處理事情？
☆你是否總是在別人背後議論他們？你是否不願坦白自己的「兩面性」？
☆你是否強烈的指責那些生活在不幸中的人？你是否無法接受同情的觀念？
☆你是否對批評或別人對你的評價極其敏感？

如果你的回答中大多數是「是」的話，你可能屬於病態的自戀。關在以自我為中心的心靈的監獄。你需要把你的內心敞開給這個世界。

如何同時思考和感受

☆雖然許多女人持反對態度，她們認為自己沒有時間，但記下你做重大決定時的想法和感受卻是一個便利的方式，用以保證你正確的使用自己的頭腦和心靈。
☆在紙的一邊寫下你做這樣決定的五到十個原因。原因要明確並專注於行為。
☆在紙的另一邊寫下關於這個決定的你五到十個的情感反應。
☆研究這個列表。確信自己完全將事實與感覺相結合，以做出一個對你有利的最佳的決定。

如何發現那些靈光一現的智慧

請你經常根據一個人的同情心、價值觀和他的舉止判斷這個人，而無需談及他擁有的東西，他所支配的力量。我們能在學校自助餐廳的長隊裡、在麵包店裡、在舊物堆裡、在療養院裡或僅僅在鄰居家發現有著現實智慧的最善良的人。敞開你的心扉接近你所遇見的人。你在這些非常偶然的地方所發現的智慧將令你感到吃驚。

克服完美主義的四種方法

☆ 列出完美主義的利弊

列出完美主義的利弊，及其對你的生活的影響，以此來說明完美主義其實對你毫無幫助。

☆ 確定最後的時限

對任務進行分析，確定完成它的時間限制。不要說「我要寫封信」，而應該說「我有十五分鐘的時間來寫信，所以要寫得簡潔。」

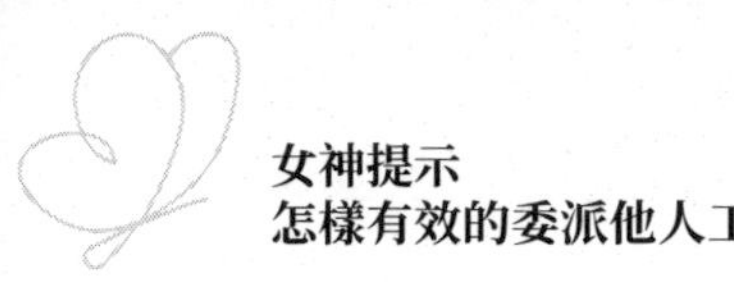

☆ **不怕暴露自己的弱點**

向你的親友或家人吐露心聲。你若在某情況下感到不適或緊張，告訴他們，把這當成是一次挑戰。敢於做平常人，並且敢於承認。

☆ **欣賞工作中的某個階段**

多把精力集中到工作的過程上而不是其結果。不時的停下來，欣賞過程中的某一刻，而不要老盯著最後的結局。

怎樣有效的委派他人工作

☆ **下達明確的指令**

這並非意味著要明確的告訴此人如何做某事，而是要簡明扼要的告訴他需要做的事。解釋需要做的原因，並制定標準。確定最後的期限也很重要。

☆ **移交權力及職責**

- 把一項完整的工作分派給一個人，而不是分派一半。
- 提供必要的資源。
- 不要完全放手不管，注意不能讓他隨意亂做。

• 保持聯絡，並給予支持。

☆ **確保他人完全了解這項工作**

與他討論將要接受的任務。確認他正好有這方面的技能，並樂於接受任務。要讓他感到沒有「上當」的感覺，這一點很重要。

☆ **監控進度**

安排好有規律的進度，進行監督和協助，提出忠告，但不要干涉。最好是公開的給予表揚，私下再進行批評。

☆ **允許自主和創新**

對於分派給任務的人要給予足夠的餘地和職責使他能採用自己的決定，這樣會使工作進行起來更為輕鬆愉快。

☆ **給出回饋，進行褒揚**

任務完成後，與實施者一起進行回顧，給予特別的評價及表揚，這樣他就能從中受益。對他的成就要給予充分的肯定。

測試：你的事業進取心如何？

一個沒有事業「野心」的女人是很難有所成就的。本測試將告訴你是否是一個有事業「野心」的女人。

這個測試包括二十五個陳述，每個陳述都與行為和態度有關。仔細閱讀每個陳述，看看能否體現出你的個性或態度。

由於每種態度依各受試者不同，有正反面及程度上的差異。作答時請按不同狀況填入適當的號碼。作答完畢後，再依計分方法算出總分。

A、完全不像我。
B、不太像我。
C、很難說像不像我。
D、很像我。
E、完全像我。

(一)盡可能減少工作時間。
(二)很少在業餘時間工作。
(三)每天要做的事情太多了，八小時不夠用。

(四)盡可能有效的把每一分鐘都用在工作上。
(五)經常利用零碎時間工作。
(六)把工作交給別人時，總是擔心別人不能勝任。
(七)如果熬夜有助於按時完成工作，可以徹夜不眠。
(八)工作只是生活中的極少部分。
(九)喜歡同時做很多份工作。
(十)多做無益，因為多做事會讓其他同事顯得無能。
(十一)經常週末加班。
(十二)如果可能，根本不想工作。
(十三)職位可以再高一些，但不想捲入職位競爭中。
(十四)你比任何同職位的人做更多工作。
(十五)朋友說你像個工作狂。
(十六)如果打打零工就可糊口，是最好不過了。
(十七)你覺得休假很輕鬆，什麼事也不做。
(十八)碰到好天氣，偶爾你會放下工作到外面去玩玩。

(十九)總是有一些事務等待處理。
(二十)一刻不工作就令你憂心如焚。
(二十一)相信「爬得越高,跌得越慘」。
(二十二)經常接受超出能力所及的工作。
(二十三)相信懂得花錢就可以不必辛苦工作。
(二十四)成天工作的人令人乏味,不把工作看得太嚴重。
(二十五)認真工作時,與工作無關的一切都拋諸腦後。

計分方法

這個測驗的計分方式分為正向及反向計分兩部分。正向計分的得分與你的答案欄中所填的數相同,反向計分則剛好顛倒過來。例如,正向計分的題號A是五分,B是四分,C是三分,以此類推;反向計分的題號A是一分,B是二分,以此類推。

本測驗中的第(二)、(四)、(八)、(十)、(十二)、(十三)、(十六)、(十七)、(十八)、(二十一)、(二十三)、(二十五)題是反向計分,其餘為正向計分。把正、反向計分的得分加起來,便是你的總分。

得分在二十五到五十一分,很低;

得分在五十二到七十七分，低；
得分在七十八到九十六分，中等；
得分在九十七到一〇七分，高；
得分在一〇八分以上，很高。

解說

成功往往可以帶來財富和地位，所以追求成功的欲望是很多人努力的動機。累積財富是人類的本能，在我們的社會中，缺乏這種本能的人也會被視為不正常。但相較於追求財富而言，更重要的是心理上的收穫，像被接受、被肯定、獲得權力和個人滿足感等。所有的這些，都會成為使人產生追求成功的動機。

動機是追求成功、創造財富的動力。本測驗就是衡量你在追求成功時，努力和自我犧牲的程度。在成功的人當中，動機最強的人往往最具事業「野心」，會一心一意追逐他們的目標。

得分很低的女人：這種女人要想成功，會面對兩難的困境：渴望成功，卻不想工作。在工商界裡，這些人的態度被視為不正常。如果妳的得分屬於此組，應該決定妳是否願意做些該做的事去達成目標。害怕失敗的感覺可能會使妳退縮，對本行不夠熟悉也可能使妳

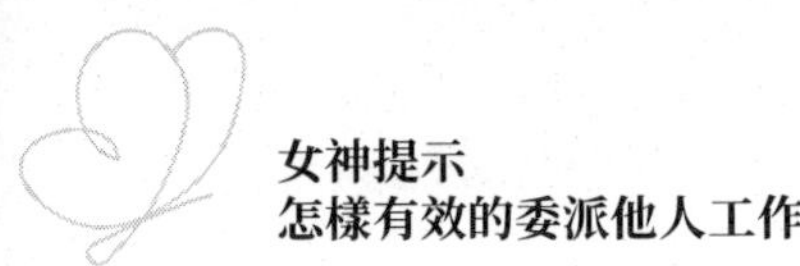

喪失興趣，沒有安全感。所以，除非妳克服缺乏動機的缺點，否則，成功的機會微乎其微。

得分低的女人：得分低的女人和得分很低的女人問題相近。她們追求成功動力稍高，但還不到可以為成功而打算加倍努力的強度。得分低的女人傾向於空想，以為可以坐等成功的來臨。

得分中等的女人：這種女人秉持「適可而止」的哲學，不會為了成功而過度努力。但她們會在容易做到的範圍內盡量去做。她們是實用主義者，順著形勢決定動機強弱程度。

如果妳的得分屬於此組，最好多想想追求成功的好處。

得分高的女人：這種女人正走在成功的大道上，她們善於利用對自己有利的形勢，並鞭策自己去創造機會。得分高的人雄心勃勃，並且清楚自己的方向，工作態度認真，會做長期計劃。她們的自信和精力來自於不變的目標和對本行基本知識的深入了解。

得分很高的女人：這種女人要小心了，因為她們已淪為「工作狂」。獲得成功並不是她們的問題，因為早有定論。這種人的問題是對追求的東西永遠不嫌多，並且上癮了。

她們的追求似乎沒有止境。如果妳的得分屬於此組，切記：過多的沒有必要的成就並不代表完全成功。

測試：你的行為是否為A型？

回答下列問題，把得分累加起來，看看你是否為A型性格的人。

一、你會準時赴約嗎？
二、你非常爭強好勝嗎？
三、你常感到匆忙嗎？
四、若遭受挫折，你會變得心灰意冷嗎？
五、若讓你久等會不耐煩嗎？
六、你會打斷他人的講話嗎？
七、你會使勁的催促或逼迫自己和他人嗎？
八、你會把你的私人感情隱藏起來嗎？
九、你是否一次想同時做很多件事情？
十、你是否渴望把事情做好？
十一、你說話、行走和吃東西的速度是否都很快？
十二、你的精力是否過於集中在工作上？

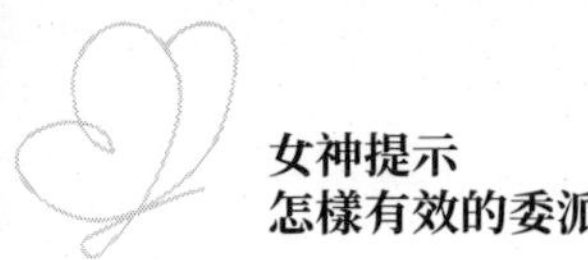

計分

總是五分，通常四分，有時三分，偶爾二分，從不一分。

說明

超過四十分則為A型

你「追趕」型的生活方式很可能使你的壓力增大，導致出現心理緊張的徵兆。

三十到四十分中等A型

你表現為努力工作以求獲得成功，但要注意不要過分的逼迫自己。

三十分以下趨於「B」型

你表現為生活輕鬆，不太可能患上A型性格易引起的心理緊張的毛病。

解決辦法

☆ 放慢節奏

要意識到自己過於緊張的生活方式，要學會放慢節奏。行走和吃東西都要有意識的慢一點，要確保自己能坐下來用餐。嘗試著每天少安排一點活動，告訴自己時間充裕，可以從容行事。

☆ **培養業餘愛好**

使自己投身於積極的業餘愛好之中，諸如園藝、散步等，來開闊你的眼界。同時，參加以娛樂為目的，非競爭性的、無關緊要的比賽。

☆ **為自己留出時間**

在日常或每週的日程安排中加進一段刻意用來休閒、沒有壓力的時間。它可以包括中午在公園散步二十分鐘，或是上午停止工作五分鐘已迅速的做一套放鬆運動。

☆ **表達你的情感**

與他人談談你的情感，而不是把它們封存起來。抽空找人隨便聊聊。當某人幫你做事之後，表示感激的謝謝他。

☆ **每次集中精力做一件事**

不要大小事一把抓，而是集中精力做一件事，完成後再繼續第二件。不要接受過多的工作。要知道自己的極限，對不能完成的工作要加以拒絕，不要做完美主義者。

☆ **控制你的敵對情緒**

在日記中寫下使你生氣的情況，例如目標受阻、受辱或遭受威脅。這樣做可使你預先

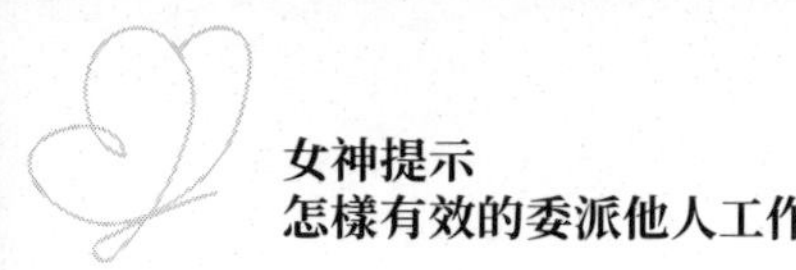

識別出令人惱怒的情況。向自己「必須反抗」的情緒挑戰，以便讓溫和的思想取而代之。

☆ 不要看時鐘

讓自己在短暫的時間內不使用時鐘，並且努力忘卻時間。在一天中的某段時間，扔下手錶，允許自己打破守時的習慣，偶爾幾次沒在最後期限內完成任務也無妨。

☆ 明白原因

自問為何要不斷的追求成功，從而證明自己的能力？回想一下自己的童年，當時父母的認同是否與你的成就感聯繫在一起？你現在生活中最有價值的是什麼？

第二章　狩獵和月亮女神阿提米絲

女神故事

阿提米絲是希臘奧林帕斯十二主神之一，羅馬名字為黛安娜，她是宙斯與黑暗女神勒托所生，是太陽神阿波羅的孿生姐姐。阿提米絲與阿波羅一樣，司掌光明，她所掌管的就是月亮。除了是月亮女神外，她還喜歡狩獵，她射箭的技藝高超，常常在山林中追逐野獸，因此又被稱為狩獵女神。

她是野生生物的主人，神界的主要獵手。身為三相女神的她，在空中是西倫，地上是阿提米絲，在陰間的黑暗分身是黑卡蒂。

阿提米絲是位活潑、健美、爽朗的女神。和弟弟幾乎具有同樣的神性。上弦月是她的弓，月光是她的箭。月神阿提米絲給大地帶來朝露、雨水、冰霜。她給耕耘過的土地、穀物、豐收在望的田地帶來益處。但如果人們忘了給她獻祭，她就會用冰雹凍死作物，放出野獸去踐踏莊稼。阿提米絲喜歡忘情的馳騁在森林草原上，她臉上稚氣未脫，肩上挎著箭袋，身旁往往有一頭雄鹿或獵犬。

作為阿波羅的孿生妹妹，她也是狩獵女神。她身穿及膝的短獵裝，有喧鬧可愛的仙女尾隨身後。阿提米絲總是手持珍珠色的弓和發亮的箭，在林中漫遊，尋找獵物。當她又累又熱時，就會來到泉水旁沐浴。

如果說白天的阿波羅會駕駛著金色戰車穿越天空，那麼晚上，阿提米絲就會以莊重的姿態飛越夜空，坐在乳白色戰馬驅動的空中馬車中，這位「廣闊天空的王后」向沉睡的大地散發出銀色的光芒。如果說阿波羅代表了男性美，那麼她則象徵著女性貞潔之美。

希臘神話中，海神波賽冬有個兒子名叫俄里翁。俄里翁生來就像他的父親一樣，長得魁梧強壯。可他並不喜歡生活在海裡，他總是來到山野間，攀岩、捕獵。不過，他畢竟是海神的兒子，所以即使是在海面上也能行走如飛。

整日陪伴他的是一條獵犬，牠和主人一樣勇猛，打獵時總是衝在最前面，遇到猛獸也總是擋在俄里翁身前。

日子久了，俄里翁經常在打獵時碰到月神也是狩獵女神阿提米絲。兩人很快就被對方的高雅瀟灑和出神入化的獵技深深吸引住了，後來，他們經常一起在山間漫步，登絕壁攀險峰，無話不談。

這一切，卻使得太陽神阿波羅很生氣。阿波羅聽說姐姐要嫁給俄里翁，心裡極不痛快。於是他屢次三番的阻止姐姐和俄里翁的親事，可阿提米絲就是不聽弟弟的話。阿波羅頓時起了殺意，他知道阿提米絲是個性格倔強的女孩，勸說根本不會打動她，只有除掉俄里翁才能保住姐姐的貞潔。阿波羅一狠心，想出了一條毒計。

第二章　狩獵和月亮女神阿提米絲

一天，俄里翁像往常一樣，在海面上「飛行」，準備上岸去捕獵。他的全身都浸在水裡，只有頭部露出水面。

阿波羅和阿提米絲「正巧」從海面上飛過。

「妹妹，人們都說你有百步穿楊的功夫，今天我們來比試比試怎麼樣？」

阿提米絲自認為天下只有俄里翁的箭術可以和她相比，她哪把哥哥放在眼裡呀！

「好吧，你說射什麼？」

「你看，那個小黑點，是一塊礁石，就射他吧。」阿波羅知道妹妹的眼力不如自己，根本看不出那個黑點是什麼。

「沒問題！」話音未落，只聽嗖的一聲，一支利箭不偏不倚，正中那個小黑點。

「妹妹你真是名不虛傳，哥哥我再也不敢跟你比了。」說完，阿波羅悄悄的走了。

阿提米絲心裡十分得意，她降落到海上，想看看被射中的目標。但她看到的卻是頭部中箭的俄里翁，靜靜的躺在水面上，來不及和她的心上人說一句話，他就已經氣絕身亡了。

最心愛的人竟然死在自己的箭下，阿提米絲一下昏倒了。獵犬聽到主人慘死的消息，悲痛得整夜哀號。別人喂的食物牠連看也不看，沒幾天便隨俄里翁而死去了。

這幕慘劇使宙斯也唏噓不已。他收殮了俄里翁的屍首，把他升到天上化作獵戶座。生

前不能常相守，死後，他總算和自己的心上人——月神阿提米絲永遠在一起了。獵犬也以自己的忠誠贏得了宙斯的同情，被提升到天界，繼續陪伴在主人身旁，這就是大犬座。為了不使獵犬寂寞，宙斯還特意給牠找了個夥伴——小犬座。宙斯知道俄里翁生前最喜歡打獵，就在他身邊放了一隻小小的獵物——天兔座。

這件事之後，阿提米絲便再也不與阿波羅見面，不論阿波羅怎樣懊悔的追趕他的姐姐想和她道歉，阿提米絲總是在他到達的前一刻離開，從此月亮和太陽不再有交集，這就是希臘神話傳說中太陽和月亮不會一同出現在天空中的原因。

事實上，阿提米絲的這種生活的方式，和熱愛自由、喜歡旅行的射手座女孩頗有幾分相似。

女神分析

重視個人時間

阿提米絲對本職工作兢兢業業，她給大地帶來朝露、雨水、冰霜。她給耕耘過的土地、穀物、豐收在望的田地帶來益處。

這些本職工作耗去了她的大量時間，但她並不沮喪，她將自身所肩負的職責與個人時間很好的結合起來，做出了自己應有的成績。這些成績的取得，事實上都是源於她對自己時間的掌握和控制。

具備與眾不同的個性

在主張合群的社會中，與眾不同的人經常會遇到麻煩。但阿提米絲毫不在乎這些，在她努力盡職於本職工作的同時，如果人們忘了給她獻祭，她就會用冰雹凍死作物，放逐野獸去踐踏莊稼。這足以顯示出她的與眾不同的個性特徵。

好奇心強，喜歡挑戰未知的事物

阿提米絲總是手持珍珠色的弓和發亮的箭，在林中漫遊，尋找獵物。她的好奇與富於挑戰未知事物的精神給她帶來更多的命運中的驚喜和奇蹟。當然，需要強調的是，好奇心強，喜歡挑戰未知的事物也要有個時間和空間的限度，否則一旦危險降臨，往往讓我們自身措手不及。

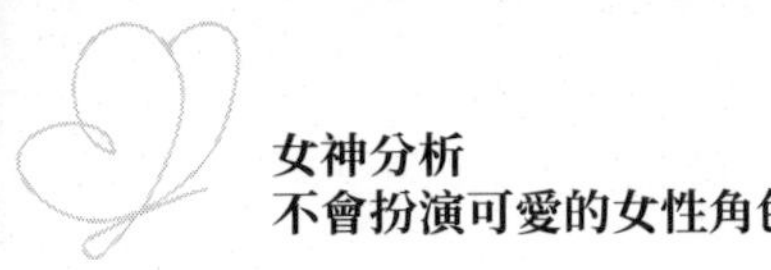

熱愛自由

阿提米絲喜歡忘情的馳騁在森林草原上，她臉上稚氣未脫，肩上背著箭袋，身旁往往有一頭雄鹿或獵犬。阿提米絲熱情狂放的性格以及對自由的神往促使她每天可以為獲得自由的身心愉悅而馳騁於遼闊的森林和草原，這些是值得現代女性學習的地方，也是現代女性最缺乏的東西。

不會扮演可愛的女性角色

狩獵女神阿提米絲與海神的兒子俄里翁在打獵時相識。兩人很快就被對方的高雅瀟灑和出神入化的獵技深深吸引住了，後來，他們經常一起在山間漫步，登絕壁攀險峰，無話不談。

可以說雙方之所以能夠互相羨慕和吸引，是由於雙方狩獵的共同愛好，使得雙方有了感情的基礎。這裡，阿提米絲並沒有以一個女性的身分與之共舞，而完全是由於雙方的興趣愛好走到了一起。

可以肯定的說，在海神之子俄里翁的眼裡，阿提米絲男性化的特色打動了他，而阿提米絲本身也是更看重自己的這一點，她並沒有以完全女性的角色特徵來發展雙方之間的關

係。在現代社會，這樣的處理方式應該是弊大於利的。

女神修練

留一些空間給自己

不少白領女性為了使自己事業有成，為了隨時迎接新到來的挑戰，她們的日常時間往往是以分、秒來計算的。甚至連休息時間也安排得滿滿的，不是去為自己「充電」就是去尋找新的發展機會，或者是去參加各種應酬。幾乎捨不得給自己安排一點點享受生活的時間。

其實，鬆弛之道對事業發展起著很大作用。許多成功者在做好本職工作的同時，還很會合理的安排家庭生活和休息娛樂活動，並使事業與生活相得益彰。根據成功者的切身經驗，專家對女性如何合理的安排時間提出了一些良好的建議。

☆早晨，強迫自己躺在床上消磨幾分鐘，等你徹底睡醒後再起床。如果不逗留一會兒再起床，那你將得不到良好的休息。利用最有效的時間解決棘手的工作或者從事創造性思考。利用低效率時間，集中精力翻閱報紙、清洗衣物或者整理郵票等瑣事。你就能在有限的時間內事半功倍。

☆制定計劃。時間管理專家認為你應該在一天中最有效的時間之前制訂一個計劃。牢記一

些必須做的事情。「不要讓你的大腦承受過多的生活瑣事。」專家認為，「大腦輕鬆時，記下一些事情，能做出更多的有創造性的消遣。」應付意外的拜訪的其中一個辦法是：向他人道歉，說明你行程排得很滿，如果有什麼不便公開講的事情可以另選會見時間，或將時間選在自己的低效率時段。

☆ 與電話相比，沒有任何裝備更能節省，或更能浪費時間。

☆ 如果不接那些頻繁的電話，你能節省更多時間。如果需要打電話討論的專案很多，可以簡單把大綱寫下來，依次解決。為了避免在電話裡囉嗦，按照大綱的次序進行，這樣可以最大限度的減少浪費。

☆ 邊等待邊工作。生活中等待是難免的，你可以在手邊放一些待閱讀資料，帶一個公事包或資料夾能存放信函、報導、期刊等。

☆ 忙裡偷閒。將每一刻發揮出最大效率，並不意味著要將自己搞得十分緊張，打破常規會使你工作速度更快、效率更高。如果在正中午時分休息一會兒，會使你精力充沛。體育鍛鍊也能使你頭腦清晰、身體健康。健身十分鐘以及做做深呼吸，既能讓你情緒高昂，也能使你心靜如水。

為了幫助我們每天留給自己一個小時，達拉斯的某個時鐘創始人將零碎時間做了一個計算，每分鐘五十七點六秒，將每分鐘扣下的二點四秒，累加起來，每天剛好多出一個小時。同樣去做一件事，如果你能更有效的支配時間，你將事半功倍。

努力塑造迷人的個性

生活的舒心是擁有美好人生的保障，生活的舒心源自於個人的努力，個人的努力取決於個人能力，個人能力在於迷人的個性。

所謂迷人的個性，說白了，就是能吸引人的個性。

那麼，如何塑造迷人的個性呢？

☆對其他人的生活、工作表示濃厚關心和興趣

每個人都認為自己是個特別的個體，每個人都希望受人重視，我們要注意承認每個人的獨特價值這一點。如果你對他人表示了足夠的關心，那人們必定會對你有所回報的，他們會說你「這個人真好，特別熱情，又能關心體貼人」，並到處向人誇獎你的好處。這麼一來，你豈不就可以成為一個人人喜愛的人了嗎？

☆健康、充滿活力和具有豐富的想像力

大家都喜歡富有朝氣、活力四射的人，而沒有人會喜歡無精打采、死氣沉沉的人。輕鬆活潑的你可以給周圍的人帶來一股清新之氣，周圍的人和氣氛也會因你的感染而發生改變，相信人人都會因此喜歡你的。

☆ 要有容人的氣量

每個人都希望自己能被人接納，希望能夠輕輕鬆鬆的與人相處，希望和能夠接受自己的人在一起。那些吹毛求疵的人，一定不會受人歡迎的。所以，你千萬不要試圖讓別人的行動合乎自己的準則，而要給對方以充分的自由空間，要讓你身旁的人感到輕鬆自在，尤其是在夫妻之間，做妻子的一定要能容納丈夫的優點和缺點，要愛他、信任他，這樣他才會充滿自信的接受外界的任何挑戰。一個能包容自己丈夫的人，必定會得到丈夫的加倍憐愛。相反，如果丈夫回家後，妻子只會碎念，抱怨個不停，那他的自信心、自尊心就會大受打擊而變得低落，甚至對妻子失去耐心，互相挑毛病而導致感情破裂，這樣的結局就不太美妙了。難怪有位大企業家透露他的用人祕訣：在想晉升某人之前，先去調查他的妻子，這裡並不是調查她長得漂亮不漂亮、會不會做飯，而是調查她是否能讓她的先生充滿自信。

☆ 要經常看到別人的優點

誇獎連他們自己都沒有意識到的長處，這樣可以使被誇獎的人感到非常高興，他又怎麼會不覺得你善解人意和富有吸引力呢？也就是說，我們不能只停留在接受忍耐他人的缺點上，還要更進一步找出他人的長處。每個人都一定會擁有別人不易察覺的優點，只要你

有心，這麼做並不難。

如果你能具有這些好的思想、感覺以及行動，便可以建立起一種積極的品格，然後學習以有力及說服性的方式來表達你自己，那麼，你將展示出迷人的個性。你將可以看到，從這裡面可以發展出更多的其他美德。

從太極拳中吸取力量

中國的太極拳是一種剛柔相濟的運動，可以培養女人的精神。太極拳由十三種姿勢組成，能促使人體內的「正氣」流動不息，增強體質，抵抗「邪氣」。

身體健康時，人們的生命之「氣」在全身自由流動，使人感到精力充沛。而緊張的時候，能量受阻，人就會感到疲倦、沮喪、失衡，覺得渾身「怪怪的」。由於人體是一個個由獨立部分組成的系統，只要「氣」在一個地方受阻，我們就會感到全身不適。太極拳柔緩的動作使我們靜下心來，使身體各部分得到協調，讓人們感到與世界的統一。

莎莉是奧林匹克運動會擊劍項目的獎牌得主。擊劍是一項高度緊張的運動。莎莉時常感到緊張。她丈夫邁克曾是奧林匹克十項全能運動員，也是教練。他對妻子的緊張深感擔憂，想找到一項能使她靜下心來的運動，以減輕她的生活壓力。夫妻倆想到了太極拳。剛

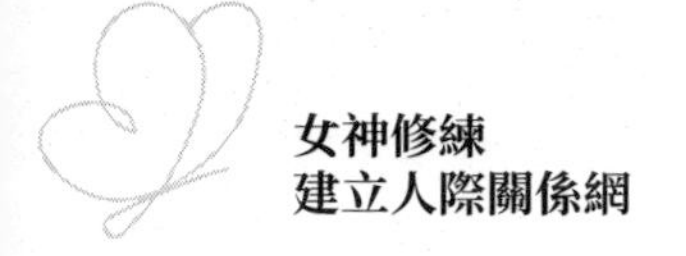

開始練習各種姿勢時，莎莉全身肌肉綳得很緊，像在練習擊劍，但她堅持練了下去，終於能做到全身放鬆。練了兩週之後，莎莉發現自己已能輕鬆自如的從一個動作轉換到另一個動作。

慢慢的，她在這種如沉思般的慢動作中鎮定下來，把自己融入到這項古老運動的平衡與力量之中。現在莎莉已經四十多歲，是一對雙胞胎的母親。她把太極拳看作一種柔韌有效的運動，是一種她與內心的溝通方式，這不僅使她保持了優美的體形。也使她達到了內在的和諧統一。

建立人際關係網

☆ 確認自己已經做好了建立自己的社會人際網的準備。列一張你願意每個月都參加的五至十個活動的列表。確認這列表中包括一些交際性的活動。你若想與別人見面的話。那麼遠遠的觀望就不再是你的選擇！

☆ 排列那些活動的優先順序。

☆ 確定這些活動的時間和地點，把它們標記在你的行事曆上。

☆ 如果你面對很大的困難，你可以向小組內的其他人求助。準備一些你要說的關於自己的東西，放鬆自己，要知道你並不是在競選國會議員！

☆ 確信自己每次都參加了那些活動。請相信：只有頻繁的出現才能增加熟悉感。

學會寬容

學會寬容是一個人成熟的標誌。寬容的人常常表現出勇於承擔責任，如果肯檢驗一下自己，就可以從失敗和差錯中找到自己所應負的責任。當一個人心平氣和的時候，才可能保持清醒的頭腦，找出失敗的因素，採取克服困難的有效措施，以便更加努力的工作。

在與人相處時，如果妳只注意到別人的缺點，就容易使自己陷入孤立無援的境地。相反，換個角度，多注意別人的好處，用理解、同情和愛心去影響別人，使他既能認識自己的缺點，又能心悅誠服的改正，妳就會處處遇到信賴和愛戴自己的朋友和下屬，妳的人際關係也會因此而得到很好的發展。

給人面子，既無損自己的體面，又能使人產生感激和敬重之情。

不計較小事，會為妳贏得更多的時間和精力。

胸襟廣闊，能容人容物是現代女性追求的境界，因為大度和寬容能為妳帶來太多的好處。

設計自己的「女神之屋」

對許多人來說，環境的混亂與內心的煩惱總是關聯到一起。只要居住與工作的地方亂七八糟，妳的內心就會感到不安定。

給自己設計一個夢想的空間，一個令心靈澄澈的空間，一個能讓妳準備自我、運用智慧、進行思考的空間。不論是靜修、練瑜伽、寫日記，都可以在自己的小天地裡進行。

在這裡可以擺上各種各樣的圖片、明信片、插花等任何能夠給人靈感、培養精神的東西，還可以播放歌曲或自然之音，如海浪聲、林中雨聲、小鳥歌聲。當然，要妳自己想要的才最重要。

有一位白領麗人，她按照兒時參觀紐約弗里克收藏館留下的記憶動手為自己布置了一間很漂亮的屋子。在收藏館的網站上，她找到了女神維納斯，還發現了波提且利的《維納斯的誕生》。根據網頁上的畫面，她設計了自己的「女神屋」。給自己營造一個空間，讓夢想與妳做伴，給妳靈感，培養妳的精神和生活的樂趣。

女神提示

傑出女性的精品個性

許多傑出的女性在實踐人生時，她們的個性作為自己人生的導師，為她們尋找著具有獨特風格的領導者，使她們獲得人生的高品位。以下是傑出女性的精品個性：

☆ **主動性**

旺盛的求知欲和強烈的好奇心，驅使她們積極進取。

☆ **洞察力**

對環境有敏銳的感受力，可以察覺到普通人未注意到的情況甚至細節。

☆ **變通性**

善於舉一反三、觸類旁通，能想出較多的點子，提出非同凡響的主張，做出不同凡響的成績。

☆ **獨創性**

有別出心裁的見解，與眾不同的方法。勇於棄舊圖新，別開生面。

☆**自信心**

深信自己所做之事的價值，即使遭到阻撓和誹謗，也不改變初衷，直到實現自己的理想或預期的目標。

☆**想像力**

思想中新的觀點、形象，來自合理的聯想、幻想或來自偶然的機遇。想像力豐富的人聯想繁多、幻想奇特，有利於去揭開創造的序幕。

☆**周密性**

靈感的火花閃過之後，深思熟慮，精細推敲，以達到完美的結果。

測試：你的個性是否成熟？

一、你的公司上司對待你的態度是：

A、總是挑我的毛病；

B、只要有一點不對，馬上就批評我，從不表揚我；

C、只要沒什麼大毛病，他們就不會指責我；

D、他們對我的工作和成績還是認可的；

E、我有錯誤他們固然批評，我有成績他們也表揚我。

二、如果在比賽中你輸了，你一般的做法是：

A、找出輸的原因，提高技術，希望下次能贏；

B、對獲得勝利的一方表示欽佩；

C、認為對方沒什麼了不起，在別的方面自己比對方強；

D、不把這件事放在心上，事情一過也就不再想它。

E、認為對方這次贏的原因是運氣好，如果自己運氣好的話也會贏對方。

三、當生活中遇到重大挫折（如考試落榜、失戀）時，你會感到：

A、一下子心灰意冷起來；

B、也許能在其他方面獲得成功，予以補償；

C、不甘心失敗，決心不惜付出任何代價，一定要實現自己的願望；

D、實在也沒什麼，大不了換條路走；

E、自己本來就不應該抱有過高的期望或抱負。

四、別人對你的印象是：

A、某些人很喜歡我，另一些人一點也不喜歡我；

B、雖然有很多人喜歡我，但只是一般朋友；

C、誰也不喜歡我；

D、大多數人在一定程度上都喜歡我；

E、我不了解別人的看法。

五、你對談論自己失敗經歷的態度是：

A、只要有人願意聽，我就有興趣講給他聽；

B、如果在談話中涉及到，我會無所顧忌的說出來；

C、我不願讓別人憐憫，因此很少談自己失敗經歷；

D、由於自尊心的緣故，我從不把自己失敗的經歷講給任何人聽；

E、我覺得自己似乎沒有遇到過什麼失敗。

六、在一般情況下，與你意見不相同的人都是：

A、想法古怪、難以理解的人；

B、文化知識修養不夠的人；

C、有相當理由堅持自己看法的人；

D、生活閱歷和我不同的人；

E、素養比我豐富的人。

七、你喜歡在遊戲或競賽中遇到的對手是：

A、水準比我高的人，使我有機會提高自己；

B、比我技藝略高些的人，這樣玩起來更有趣；

C、技術稍遜於我的人。這樣我可以總是贏他，顯示自己的實力；

D、和我的技術不相上下的人，這樣在平等的情況下最有益於展開競爭；
E、一個有比賽道德的人，不管他的技術水準如何。

八、你所讚揚的社會環境是：
A、比現在更安寧、平靜的社會環境；
B、像現在這樣的社會環境就很好；
C、越來越好的社會環境；
D、變化劇烈的環境，使我能利用機會發展自己；
E、比現在更富足的社會環境。

九、你對爭論的看法是：
A、隨時準備進行激烈爭論；
B、只要有自己感興趣的爭論，便準備加入進去；
C、我很少與人爭論，喜歡獨立思考各種觀點利弊；
D、我不擅長爭論，盡量避免之；
E、無所謂。

十、受到別人指責時，你通常的反應是：
A、要先弄清楚原因所在，然後才採取對策；
B、保持沉默毫不在意，過後置之腦後；

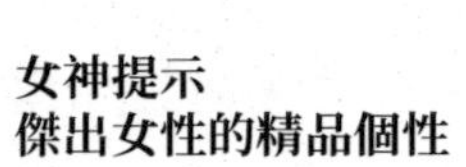

C、進行有針對性的反擊；

D、盡量照別人的意思去做；

E、如果我認為自己是對的，就為自己辯護。

十一、你認為親友的幫助對一個人事業成功的影響是：

A、害處很大，這會使他在孤立作戰時不知所措；

B、通常是弊大於利，常常幫倒忙；

C、有時會有幫助，但這不是最主要的；

D、這有助於事業的成功；

E、對一個人起步時有幫助。

十二、你認為對待社會生活環境的正確態度是：

A、使自己適應周圍的社會生活環境；

B、盡量利用生活環境中的有利因素發展自己；

C、改造生活環境中的不良因素，使生活環境變好；

D、遇到不良的社會生活環境，就下決心脫離這個環境，調到別的地方去；

E、好死不如歹活，不管周圍生活環境是好是壞。

十三、你對死亡的態度是：

A、從來不考慮死的問題；

B、經常想到死，但對死不十分懼怕；
C、把死看作是自然現象，但平時很少想到；
D、每次想到死就膽戰心驚；
E、不但不怕，反而認為死了是種解脫。

十四、為了讓別人對自己有好的印象，你的做法是：
A、事先就預想見面時的情景並做好準備；
B、雖然很少預先準備，但在見面時提醒自己應給人留下好的印象；
C、懶得考慮如何給人一個好的印象；
D、我從來不做預先準備，也討厭別人掩蓋自己的本來面目；
E、為了工作和生活上的特殊需要，有時應認真考慮如何給人以良好的印象。

十五、你認為要使自己生活得愉快而有意義，就必須生活在：
A、親情、友情味濃厚的親朋之間；
B、有學識的人們中間；
C、志同道合的朋友們中間；
D、人數眾多的親戚、同學和同事們中間；
E、生活在什麼人中間都一樣。

十六、在工作或學習中遇到困難時，你通常是：

A、向懂的人請教；
B、只向自己的親密朋友請教；
C、我總是先嘗試用自己的力量去獨立解決，實在不行才去請求別人的幫助；
D、我咬緊牙關不請求別人來幫助；
E、我沒發現可以請教的人。

十七、當自己的親人錯誤的責怪你時，你通常是：
A、雖然感覺不舒服，但忍而不發；
B、為了家庭和睦，違心的承認自己做錯了事；
C、當即發火，並進行爭論，以維護自己的自尊；
D、壓制住自己的火氣，耐心的解釋和說明；
E、一笑了之，從不放在心上。

十八、在與別人的交往中，你通常是：
A、做事總誇大其詞，以期能引起別人的注意；
B、希望別人注意我，但又想不明顯的表示出來；
C、喜歡別人注意我，但並不刻意去追求這一點；
D、不喜歡別人注意我；
E、對於是否會引人注意，我從不在乎。

十九、外表對你來說：

A、相當重要，常花費很大精力修飾儀表；

B、比較重要，但只花不多的時間修飾；

C、不重要，只要讓人看得過去就行了；

D、完全沒有意義，我從不修飾自己的外表；

E、重要是重要，但實際上所花時間不多。

二十、你喜歡與之常往來的人通常是：

A、異性，因為與異性之間易產生共鳴；

B、同性，因為我和他們（或她們）更容易相處；

C、和我合得來的人，不管他們與我的性別是否相同；

D、總是與家庭內部的人交往；

E、我只喜歡與少數合得來的同性朋友交往。

二十一、當你必須在大庭廣眾中講話時，你總是：

A、因為怯場而導致聲音顫抖；

B、儘管不習慣，但還是竭力保持神態自若的樣子；

C、我把這看成是一次考驗，精神抖擻的去講；

D、平時就喜歡在公共場合講話，這時講話表現得更出色；

E、無論如何也要推辭，不敢去講話。

二十二、你對用看手相、測八字來算命的看法是：

A、我發現算命能了解過去和未來，而且很準；

B、那只是騙人的把戲；

C、我不清楚算命到底是胡說，還是確有道理；

D、我不相信算命能預測人的過去和未來；

E、儘管我知道算命是迷信，但還是時常一試。

二十三、召開研討會時，你通常是：

A、首先發表意見；

B、我對自己了解的問題才發表看法；

C、我從來不在小組會上發言；

D、我雖然不帶頭發言，但總是要說上幾句。

二十四、你對社會的看法是：

A、社會是個大染缸，我希望能逃避現實；

B、在社會上生活，想要永遠保持正直、清白是很難的；

C、社會是複雜迷人的大舞台，我喜歡研究社會現象；

D、不管社會如何，我只希望自己能生活得愉快；

E、不管生活環境如何，我都要努力奮鬥，無愧於自己的一生。

二十五、當你在人生道路上遇到考驗（如參加考試、競爭職位）時，你總是：

A、很興奮，因為這是表現自己的機會；

B、視作平常之事，因為已經習慣了；

C、感到有些害怕，但仍硬著頭皮去做；

D、非常害怕失敗，寧願放棄嘗試；

E、把自己的命運交給上天去裁決。

評分方法

題號	選項 A	B	C	D	E
一	減三分	減二分	加四分	○分	加六分
二	加四分	○分	減三分	加八分	減四分
三	減四分	加十分	○分	加五分	減三分
四	○分	加三分	減三分	加八分	減二分
五	減三分	加八分	加四分	減二分	○分

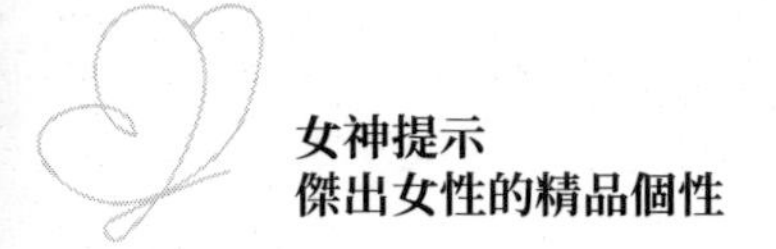

六	七	八	九	十	十一	十二	十三	十四	十五	十六	十七	十八	十九	二十
減三分	減二分	減五分	減四分	加八分	減二分	減二分	○分	減一分	○分	加八分	減一分	減二分	減二分	減二分
加八分	加六分	○分	加八分	減四分	○分	加四分	加二分	加八分	加六分	○分	○分	○分	加六分	○分
加四分	減三分	加六分	○分	減四分	加八分	加八分	加十分	○分	加四分	加四分	減四分	加八分	○分	加八分
減二分	○分	加四分	減二分	○分	減四分	減四分	減四分	減三分	減二分	減二分	加八分	減三分	減三分	減三分
○分	加八分	減三分	加三分	加四分	加六分	加六分	減三分	加四分	減四分	減四分	加四分	加四分	減四分	減四分

二十一	減一分	加四分	加八分	加二分	減四分
二十二	減五分	加三分	減二分	加十分	〇分
二十三	〇分	加八分	減一分	減四分	加四分
二十四	減三分	減二分	加六分	〇分	加十分
二十五	加四分	加八分	〇分	減四分	減一分

結果論述

根據你的答案，對照評分表，累計自己總得分。這個總分就是你的個性成熟度指數。

計分表上每道題目的五個答案中，得分為正值的答案代表處理該問題的合理做法。得分越高，說明該做法越妥當，是個性成熟者的通常做法。相反的，得分為負值的答案則代表了不妥當的或幼稚的做法，反映了個性的不成熟。因此，你可以觀察一下你在每道題目上的得分，看看自己在哪些題目上的得分較高，代表自己在處理哪些問題上較為成熟和老練；自己在哪些題目上得了負分數，則代表自己在處理哪些問題時還不成熟，而較為妥當的做法是哪一種。經過這樣仔細的分析，你可以看出自己處理社會生活問題上的長處和短

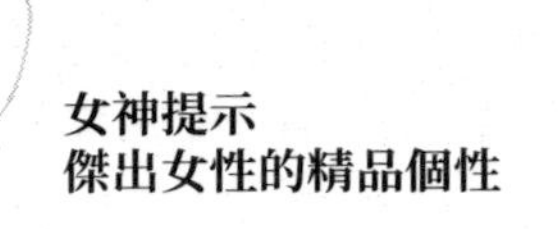

處，使自己盡快的成熟起來。

另外，總分可以用來判斷一個人整體的個性成熟程度。總分越高，說明你的個性越成熟；總分越低，說明個性越不成熟。具體的個性成熟程度的劃分，可參照下面的評價表。

評價表

總分	個性成熟程度
○分以下	很不成熟
○到四十九分	不大成熟
五十到九十九	一般
一百到一四九分	比較成熟
一百五十分以上	很成熟

總分在一百五十分以上，說明你是個很成熟老練的人。凡是個性成熟的人，在社會中通常都游刃有餘、處之泰然。他們知道怎樣妥善的處理個人所遇到的各種社會問題。他們能夠準確的判斷、處理問題，知道哪些方式是有效的，哪些方式則會造成不良的後果，從而選擇一種最佳的處理方法。他們常常成為別人請教和效仿的對象。

個性成熟的人大多有豐富的經歷，有大量過去失敗的或成功的經驗可供借鑒。但是，個性成熟的程度並不一定與人的年齡成正比。

總分在一百到一百四十九分之間，這說明你是較為成熟的人。在大部分事情的處理上是很得體的。能夠很好的適應社會，建立起良好的人際關係。

總分在五十到九十九分之間，這說明你的個性成熟程度屬於中等水準。你的個性具有雙重性：一半老練，另一半還很幼稚。還需要在社會生活實踐中慢慢磨練。

總分在〇到四十九分之間，這說明你的個性還欠成熟，你還不善於處理社會生活中的各種問題和矛盾，不擅長觀察影響問題的各種複雜因素，不能準確的預見自己行為的結果，還不能很好的適應複雜的社會生活。

總得分是負數，說明你還十分幼稚，處理社會生活問題有無從著手之感。你喜歡單憑個人粗淺的直覺印象和一時的感情行事，害怕出頭露面，孤獨而自卑。你容易得罪人，也容易被人欺騙，在社會生活中常常到處碰壁，無法實現自己的理想和目標，很不能適應現代社會生活的要求，你必須設法使自己盡快的成熟起來。

第三章　天后希拉

女神故事

在奧林匹斯山永生的眾神中，希拉是天后，她梳著美麗的頭髮，分享著她丈夫的權力。她往往以戰服的裝束出現，手持鋼刀，頭戴鑲有花葉的冠冕，威風凜凜的。隨侍她左右的是時序三女神荷賴，社交女神卡里斯和彩虹女神伊麗絲。希拉貞潔而賢能，掌管婚姻和家庭，羅馬人稱她為「使嬰兒見到日光」的女神，是忠貞妻子的形象，是婦女的保護神。

希拉是克洛諾斯之女，宙斯的姐姐和妻子；她主管婚姻和生育，是婦女的保護神；希拉氣質高雅，容顏美麗，且對伴侶忠貞不渝，無愧於天后的地位，但她的善妒亦聞名於世，因此，希拉和宙斯經常發生激烈爭吵。

希拉的象徵是孔雀，因為這種有著五彩繽紛羽毛、恰似滿天星斗的鳥是美麗壯觀的夜空的象徵，而天空正是天后希拉光彩照人的臉龐。

希臘神話中的神絕大多數都是根據希臘人心中最美的人的形象所塑造出來的，因此，不論是男神還是女神從外形上來說都是很完美的，這一點可以由現存的古希臘雕塑來證實。古希臘神話很擅長使用襯托的手法，古希臘作家們有時並不直接描寫神或人的美貌，而是採用側面描寫的方法引導讀者去想像她們的美，這反而更能讓人自由的想像那不可用語言描述的美。

在古希臘神話中關於希拉的故事並沒有很多，但我們可以根據一些有關的故事推測出希拉的形象來。在希臘神話中關於希拉的形象最令人印象深刻的可能要屬特洛伊傳說了。

傳說的開始就是眾神被邀請去參加海洋女神忒提斯與佩琉斯的婚禮，所有的神都被邀請了，惟獨遺漏了不和女神厄莉絲。這位女神十分生氣，為了報復，她悄悄的在宴會廳的地板上放了一個金蘋果，蘋果上寫著：「送給最美的人」。

於是天后希拉，智慧女神雅典娜以及愛神阿芙蘿黛蒂都認為這個金蘋果應該屬於自己，三位女神爭執不下，宙斯也無法做出公平的判決。宙斯就讓三位女神去找特洛伊王子帕里斯做出最後的評判。出現在帕里斯王子面前的三位女神是如此的難分高下，以至於帕里斯王子不能立即做出決定。

於是希拉「三名女子中驕傲的一位」開口說話了，她無論在身材或是威儀方面都超過了另外兩人，她向王子做出了許諾，許諾讓他成為最富有的國王。智慧女神雅典娜向王子許諾讓他成為世界上最聰明最富有男性魅力的人，愛神向王子許諾將把世上最美麗的女子送給他做妻子。最後王子選擇了愛情，而將金蘋果判給了愛與美之女神。

從上面的故事，我們可以得出這樣的結論：希拉在外貌上並不輸給美之女神阿芙蘿黛蒂，在身材或是威儀方面還有過之而無不及。阿芙蘿黛蒂的勝利僅僅是因為她的許諾對帕

里斯王子更有吸引力而已。

希拉常常破壞宙斯的偷情，宙斯由於對她的顧忌也常常對此無可奈何，甚至無法保護自己的情人。希拉的嫉妒心強到了可怕的境界，她不僅不放過自己的情敵，對於與情敵有關的事物也難以忍受。比如，嚴厲的天后希拉痛恨一個名叫埃葵娜的王國，因為它正好與宙斯的情人河流神女埃癸娜同名，這個與她爭風吃醋的情敵同名之國勾起她的宿怨。她給全島送去可怕的瘟疫。瘴氣和令人窒息的毒霧彌漫山野，陰森的濃霧裏住了太陽，然而就是不下一場雨。四個月過去了，海島上天天刮著悶熱的南風，地上升起一股股死之氣息，池塘和河流裡的水全都發綠變臭，荒蕪的田野裡毒蛇成群。牠們的毒液滲流在井水或河水裡，四處氾濫。遍地瘋狗、瘋牛，瘋羊、飛禽走獸全都瘋了。最後，瘟疫災害也降臨到人的身上。整個國家瀰漫著死亡的氣息，活像一個人間地獄。唯有如此，才能抹平她的怒火。

希拉出生高貴並且擁有世界上僅次於她丈夫的崇高權力，因而，希拉的性格中有著極為突出的驕傲和任性的成分。一個凡間的女子——安提戈涅長的很美麗，特別是她一頭的金色捲髮十分的動人，以至於她興起了與天后比美的念頭。天后在盛怒之下，把她的頭髮變成了毒蛇，折磨並撕咬她的頭皮，十分嚇人，希拉殘酷的懲罰連天父宙斯都看不下去，於是將她變作一頭仙鶴的模樣。可憐的姑娘從此只能在水中看到自己的模樣了。從這個傳

說我們可以對希拉驕傲而任性的性格有所了解。

希拉的地位和尊榮來自她的婚姻。希拉雖然是宙斯的姐姐，但這個身分並不能帶給她特別的權力。克洛諾斯和雷亞一共生下三個女兒赫斯提亞、狄米特和希拉與三個兒子黑帝斯、波塞頓和宙斯，其中黑帝斯為冥府之主，波塞頓是海洋之王，宙斯掌管天空，是奧林匹斯十二主神中最有力量和權勢的神。而作為姐姐的狄米特是大地女神，卻沒有其妹的權勢。宙斯總共有七位合法的妻子，唯有希拉是宙斯的正妻。因為宙斯向希拉求婚時允諾與希拉分享自己的權力和尊榮，所以希拉可以享有丈夫的權力，每當希拉出行時都伴有雷霆閃電。眾神也因此而尊希拉為神母，無不遵其旨意而行。

雖然希拉在家庭中要絕對服從丈夫的意志，但她的婚姻使得她能命令別的神祇，即便是掌管大海的波塞頓或是冥府之王黑帝斯。古希臘人是一個虔誠的民族，他們在社會生活的每方面都要祭祀神靈，以求得神靈的庇護。

希拉是掌管婚姻和家庭的女神，再加上她天神之后的身分，她成為古希臘婦女最重視的女神之一，希臘各地都有她的神廟。希臘婦女，特別是已婚婦女都時常向希拉獻祭，以求自己的婚姻穩固、家庭幸福。

女神分析

婚姻關係中始終處於被動

在《特洛伊的故事》中，希拉埋怨宙斯答應阿基里斯的母親忒提斯讓希臘人敗北，宙斯平靜的對她說：「不要以為妳能改變我的決定。別再說了，按我的意思去做。希拉聽到丈夫的話，就不敢再提這件事了。」

雖然宙斯的語氣平靜，言辭還算溫和，希拉一聽已經嚇得不敢再言語了。一旦宙斯對希拉表示不滿，希拉受到的懲罰是很嚴酷的。希拉屢次刁難宙斯最愛的私生子海克力斯，總想置他於死地，曾經因為唆使北風神颳起狂風將他吹到人煙密集的科斯島而受到懲罰，她的雙腳雙手被宙斯用金鍊捆綁著，慘遭鞭打，倒吊在半空中示眾，奧林匹斯聖山上所有的神都懾服於宙斯的震怒不敢靠近他為天后求情。

具有強烈的嫉妒心，將嫉恨指向丈夫的情人

在忠於愛情的同時，希拉是一個嫉妒心極強的女人，她憎恨每一個與她丈夫有親密關係的人，她利用她的權力和地位懲罰那些女人。

把「為人妻」作為一生的追求

作為萬神之父宙斯的妹妹和妻子，希拉十分忠誠於她的愛情和家庭。即使風流成性的宙斯不斷的背著他的合法妻子勾引別的女人或女神，眾神之母希拉也從沒有背叛過她的丈夫。

即使婚姻不幸福，也不會離婚

希拉因婚姻得到地位和權力，因此不論宙斯如何的花天酒地、風流快活，希拉也不會怪罪他。希拉嫉恨的是她的情敵，特別是當她的情敵威脅到她的地位的時候。希拉強烈的嫉妒心也是她捍衛自己地位的一種武器。

在古希臘社會，女人被視為男人家庭財產的一部分，男人處於社會生活的最頂端，男人可以隨意處置屬於他的財產，這種人類的社會生活也反映在了古希臘的神話傳說中。希拉是眾神之母，萬能之神宙斯的妻子，所以她可以命令別的神，但在她的家庭中，她只能聽從她的丈夫。

利用女性自身資本討好丈夫

由於宙斯擁有絕對的權威，當他們之間發生分歧，希拉若想達到自己的目的，就得採取一些手段。希拉會「關好門，在室內沐浴，用香水塗抹嬌美的胴體，梳理發亮的金髮，穿上雅典娜為她製作的精緻而華麗的錦袍，在胸前別上金光閃閃的別針，在腰上圍了一條閃閃發亮的腰帶，戴上一對珍貴的寶石耳墜，罩上極其輕柔的面紗，潔白的雙腳穿上一雙別緻的拖鞋。」

她利用了她的美貌，以此為工具以期能達到自己的目的，使宙斯能聽從自己的意見。這也說明了希拉在家庭中處於一個次要的地位，她的丈夫擁有絕對的權威，希拉能利用的只是她身為女人的原始資本。

女神修練

透過練習發現真正的婚姻問題

在現實生活中，很多夫妻總為金錢和性愛而爭吵。雖然這些問題很難解決，但真正的問題是他們為什麼不共同解決這些問題？有時基本原則在夫妻或婚姻關係中被打破。他們

所爭吵的問題其實只是表面的問題。而真正的問題是失望感和憤怒，而這種失望和憤怒在許多年前就已經存在。透過練習會發現真正的問題：

☆ 當緊張狀態越來越嚴重時，夫妻雙方都需要冷靜片刻。列出一張關於近幾週來是什麼事情讓你感到生氣的列表。列出具體、真實的細節。

☆ 第二步，把他讓妳感到生氣的行為妳你自己的感覺區分開來。例如，如果妳因為他忘了妳的生日而生氣，就把他的行為（他忘記）與妳的感覺（生氣、失落和受傷感）區分開來。

☆ 第三步，詳細的說明在妳出現這種感覺之前妳的想法是怎樣的。例如，如果妳因他忘記你的生日而生氣，妳可能會想：「他總讓我失望，在我需要他的時候，他總不會在我身邊。」

☆ 認真回顧幾件婚姻中不愉快的事情，仔細檢查第一步到第三步。看看在每件事情之間是否有相同的想法或內容。如果有的話，那這個問題可能就是妳感到不幸福的真正原因。

☆ 一旦妳找出了與妳感覺相同的想法或內容時。妳就應該想想妳在與伴侶相處的日子裡，這種想法與不愉快的事情是最近開始的還是當妳剛剛與他相戀的時候就存在了？

關於控制和了解的訓練

對他人作出一個正確的評價取決於決定性的和直觀的資訊，以下的指導將有助於妳認

識他人是否在拒絕妳與他的關係。

真實的關係：在這個關係中，雙方都是誠實的。他們樂意接受對方建設性的批評，投入自己的感情和同情。他們真誠的在乎妳的利益，即使妳讓他們失望或傷害了他們。

控制關係：與真實關係相反，在控制關係中，一個人無法對他人投入真實的感情。他們會利用妳的弱點或妳與別人的差異來打擊妳。倘若妳能滿足他們的需要，那麼他們便會喜歡妳。但是妳一旦變得沒有價值，讓他們感到不舒服或使他們失望，他們便會拋棄妳，指責妳。他們通常有以下的計劃：

☆ 妳絕對不能勝過他們或讓他們感覺到沒有完全控制妳的情形。他們必須是注意的焦點，而妳不是。

☆ 妳必須時刻與他們的需要保持完全一致。絕對不能有對他們的背叛或對事實真相提出質問。

☆ 妳必須把他們的需要放在首位。必須容忍他們的雙重標準。

☆ 妳必須反映他們的價值，如果妳沒有這樣的話，妳就是有問題的。

☆ 當妳與他們在一起的時候，妳必須放棄妳的個性。不能向他們提出質疑。

反制模式：如果妳對自己與別人的關係感到失望。但又不得不與他們交往，請考慮以下的「反制模式」策略。這些指導方法將形成不確定性，使妳不會對那些不真實的事情充滿幻想。讓妳不再把自己置於一個不利的狀況，這樣妳就會學會「以其人之道還治其人之身」。

請不要過於自信：不要向他人傾訴自己的祕密、夢想或其他任何妳不想在新聞中被廣播的東西。妳不要過於相信他人，不要認為他人會尊重妳的隱私。倘若這些資訊對他們有利的話，他們會用它們來打擊妳的！他們並不想成為妳的好同事、老師、伴侶、家人或朋友。

讓他人成為公眾注意的焦點：促使他們談論他們自己或他們的目標。讓他們感覺是自己，而不是妳控制了妳與他們之間的關係。如果妳正確掌握了他們，他們便會接過妳的「思想之球」，繼續圍著它轉。長期的旋轉在舞台的中心並不會讓他們產生不適感，因為他們知道事情一般會如何發展。他們會認為妳選擇他們是明智的。他們會一直談論他們自己。

與此同時要盡量保持頭腦清醒：妳可以計劃自己的購物清單或計劃下次聚餐，也可以看著蒼蠅倒掛在天花板上。妳還可以祈禱這個關係盡快結束。祈禱上帝會喜歡不幸的女性，尤其是努力控制男性的女性！

必要的滿足感：倘若滿足他們的需要對妳有利，那麼就努力去滿足他們的需要。但是，妳要小心自己無法達到他們的期望和要求。這些人慢慢的會對妳的任何努力都不滿意。妳無法使自己不令他們感到失望，不會令他們感到灰心，他們最終會覺悟。只要妳做他們想要妳做的事情，或只要命運善待妳們的共同目標，那麼，他們終將會喜歡妳。

記住，妳個人的目標只有和他們的目標保持一致時，它才會很完美。在他們面前要成為自己。而不是一個選擇。

努力控制不良情緒

☆ 排除或迴避不良情緒產生的矛盾

當不良情緒出現，要靜心想一想其產生的原因。如果煩惱緊張是由於環境雜亂無章引起的，就停下手頭的其他工作，先將環境整理好；如果煩惱、焦慮、浮躁是由主觀需求引起的，就調整主觀需求。

☆ 用積極的情緒抵禦消極情緒入侵

提高思想修養，把精力集中到學習和工作中，以朝氣蓬勃的面貌和樂觀主義的精神，認識生活的積極意義，熱愛生活，熱愛工作，熱愛學習。保持合理的休息、飲食與睡眠，注意身體健康。不讓消極情緒入侵妳的心靈。

☆ 轉移不良情緒

不良情緒產生後，不要輕易表現得怨天尤人、大發雷霆，聽聽音樂、寫寫毛筆字、畫畫、散步、親近自然、親近孩子等等，都能淡化忘卻不良情緒，避免沉浸在徒勞的煩惱中而不能自拔。

☆ 交流、溝通

找最親近自己的人，或者花草樹木傾訴一番，將心靈的積鬱傾吐出來。別讓不良情緒在心頭生根發芽。

無論怎麼樣，心若改變，妳的態度就會跟著改變；態度改變，妳的習慣就會跟著改變；習慣改變，妳的性格就會跟著改變；性格改變，妳的人生就會跟著改變。在順境中感恩，在逆境中依舊心存喜樂，遠離憤怒，認真快樂的生活。

努力排解婚後的心理壓力

戀愛是兩個人的事情，但婚姻卻是兩個家庭的事情。女人在婚後往往會出現很大的心理落差，同時，也有更多的壓力：家庭壓力、人際關係壓力、經濟壓力等等，從而形成了巨大的心理苦悶。

這些苦悶如果得不到及時的排解，對女人的健康是很不利的。心理壓力是因為事情而來，如果只談排解壓力而不解決矛盾，無疑是痴人說夢。所以，女人要想心情舒暢，必須注意以下矛盾：

☆ **正面面對事業與家庭矛盾**

女人在婚後真正進入了女人的角色，不再是可以任性的女孩子了。也會更積極的謀求事業的成就，但是家庭本身卻會讓女人多了很多牽掛，難免會分心。

另一方面公司要求員工必須敬業，事業與家庭兩方面都需要女人花費更多的精力。不同角色的衝突所產生的矛盾，必然會在女人心中形成巨大的陰影。

可以說事業與家庭的矛盾從女人走出家庭就已經開始。處理這件事情一定要有足夠的智慧，既要照顧家庭的需求，安定自己的後方大本營，不要在前方緊要的關頭，後院卻起火；也要為事業留下足夠的時間。畢竟，只有獨立的事業才有獨立的經濟基礎，才會有獨立的人格。

☆ **婚後家庭生活的矛盾**

女人在婚前沒有那麼多的家庭事務，社會交際相對也比較多，結婚之後，就好比有了自己的一畝三分地，每天不得不在裡面花費相當大的精力。於是，就會覺得原來嚮往的家

庭生活、二人世界也並非所想的那麼精彩。

實際上這樣的心理矛盾很常見。解決這樣的矛盾，需要女人和男人互相諒解、合作，讓生活更加精彩，而不是沉悶。

☆ 期待落空的矛盾心理

女人在婚前往往到處受到特殊照顧，結婚之後，在某些方面可能沒有以往的「好處」。另外，因為家庭生活可能會影響事業，這就讓那些事業心較強的女人對自己的期望落空。這樣的挫折往往會產生一些心理障礙。

女人在婚後應該調整心態，同時，如果有了問題，也要認真對待，並及時採取自我調節的措施。因為過重的心理壓力必將導致身心疾病的產生，損害自身的健康。在生理方面，婚後女性往往會有一種莫名的疲勞感，自覺身體虛弱無力，即便多休息也不易緩解。此外，還容易出現頭暈、偏頭痛、痛經、月經不調等症狀。

有過重心理壓力的女性，可能有長期或頻繁發作的煩悶、不快和失眠，或出現暴躁易怒、空虛、無故悲傷和失落感，有的甚至因此造成夫妻衝突和離異等家庭不幸。

婚後女性要努力調整自我，增強適應能力，學會對各種現象作出客觀的分析、正確的判斷；在生活中遇到矛盾時不退縮、不逃避、不憂愁、不沮喪，樹立起戰勝困難的信心和勇氣，注意調整自我，以達到心理上新的平衡。

現代醫學認為，人的情緒輕鬆愉快時，脈搏、血壓、胃腸蠕動、新陳代謝都處於平穩協調狀態，體內的免疫活性物質分泌增多，抗病能力增強；不良情緒可導致高血壓、冠心病、潰瘍甚至癌症的發生。婚後女性要善於調節情緒，正確對待發生的心理衝突，做到胸懷坦蕩、樂觀開朗、心情安寧、溫和樂觀。

人生征途上常是順境與逆境交替，失敗與成功並存，歡樂與苦惱同在。婚後女性要做到遇事想得開，不鑽「牛角尖」，身處逆境時能進行自我安慰、自我開解，始終保持良好的心理狀態。

婚後的女性，在家庭中要贍養老人、培育子女，這就需要處好人際關係。首先要理解、尊重他人，真誠相待。理解與寬容是處理好人際關係的兩大法寶。互相關心能促進心理健康，助人為樂更是美德。

生活單調是許多冠心病形成的原因之一。保持健康的生活方式，對於提高身體素質，防止積勞成疾至關重要。合理安排生活節奏，做到起居有常、睡眠充足、有勞有逸，學會在繁忙中求得休息，培養廣泛的興趣愛好，工作之餘養花植樹、欣賞音樂、練習書法、繪畫、打球、練太極拳等，可以怡人情志，調和氣血，利於健康。

當感到巨大的心理壓力和出現悲傷、憤怒、怨恨等情緒時，要勇於在親友面前傾訴，做合理的宣洩；在他們的勸慰和開導下，不良情緒便會慢慢消失。

女神提示

平等婚姻的提示

大多數平等婚姻中的男性是後天培養出來的，而不是天生的。許多男人在嘗試一個完全傳統的婚姻之後，他們發現傳統婚姻並不適合自己，於是便選擇了平等婚姻。他們樂意享受妻子或女友的幫助、支持，也願意讓她們負責打點家務。最終，他們終於說出：自己對責任感到厭煩，感到已被責任壓抑得喘不過氣來。

愛要保持分寸

愛情也應有分寸，應該保持適當的溫度和距離，才能使雙方永遠如沐春風，永遠不產生厭倦。李敖說得好：「只愛一點點。」以下八條僅供參考：

☆永遠不說多愛他。

女人永遠不要讓男人知道妳愛他，他會因此而自大。

☆一天只打一次電話。

在對方意猶未盡時先掛斷，保持適度的神祕感，沒有男人喜歡喋喋不休的女人。

☆避免遷就。

遷就太多就成了懦弱，誰也不欠誰的，妳愛他是他的福氣。在戀愛中兩個人都是主角，要有自己的主見，懂得適當拒絕。

☆盡量不要在經濟上有糾葛

金錢是個敏感的話題，感情歸感情金錢歸金錢，還是應該涇渭分明。

☆不要為了回應他的愛而生小孩

現在有很多單親媽媽，她們都有一定的經濟能力和心理承受能力，如果想用孩子來羈絆男人的話就太不明智了，妳不能讓對方對妳負責，卻要去負責一個生命，這是自找麻煩，即拖累自己又拖累孩子。

☆ 不要天天守在一起

愛情的生命力是有限的，要讓愛情壽命長一點就要保持適當的距離。

☆ 別把自己和對方放在一起思考

要有自己的社交圈子。別一談戀愛就原地蒸發，和所有的朋友都斷了往來，這只會讓你的生活越來越狹窄。

☆ 避免不必要的嫉妒心理

過去不可能是一張白紙，妳不需要把過去一五一十的交代清楚，特別是被人拋棄之類的事情連提都不要提。在這方面，女人們一定要把握住分寸。

如何處理不應該的嫉妒

☆ 承認自己的職責

不停的指責自己的伴侶是毫無意義的。別的任何人都不該使妳嫉妒，那通常是由妳自己主觀臆想出來的。

☆ 仔細考慮自己的感受

把過去與現在連結起來，並努力找出你情感的根源。如此強烈的情感反應是為了什麼？

☆ 要獨立與自信

培養一種不影響妳的伴侶的興趣愛好，學會信任而不是控制對方。建立起信心，列出自己伴侶喜歡妳的緣由。

☆ 向荒謬的想法挑戰

和下列想法進行鬥爭，如「他真的喜歡琳達，他喜歡她勝過喜歡我。他與她發生了私情。因為這些是「極端的想法」，是「大難臨頭」的絕望情緒。

☆ 約束自己的行為

如果你必須表現出嫉妒，那就只讓自己嫉妒一段時間，二十分鐘就可以了。回應自己的伴侶的質疑要強硬，不要容忍那種刨根問底的審訊。

☆ 想像沒有嫉妒的生活

嫉妒能解決夫妻間的一切問題嗎？你的嫉妒已成為憂慮的焦點，引發了其他潛在的

問題嗎？

避免「單向思考」的辦法

許多女性雖然與蠻橫霸道的男性相處，但她們對伴侶仍然一片痴心，然而，她們發現在「單向思考」上，夫妻雙方存在很多矛盾。如果妳在這個問題上和妳的丈夫出現問題，那麼請看看下面的辦法。

☆壞與好：接受妳的伴侶將是一個「很難相處的人」，這樣一個事實。使他如此有活力、如此成功的力量和優勢同樣會使婚姻陷入艱難的境地。

☆避免：盡量避免直接的矛盾。在必要的情況下，應表明妳的立場。妳絕不應該為這種男人而放棄自我。他也敬佩不會完全屈服的女人。

☆妥協：當他為了獨行其是而向妳施加壓力時，妳應試著讓步並輕輕的提醒他：兩個人一起生活，不可能只有單一的思想。

☆為他留住臉面：如果妳必須反對他的時候，應給他一個台階下。告訴他，儘管妳有不同而平等的觀點，但妳仍然愛他。

維持愛情的九個「成功連結」祕訣

以下的九個「成功連結」是維持妳們愛情的祕訣。有些夫妻很早就發現了這些「成功連結」，並用它們來構築自己美滿的婚姻。這些方式並沒有按輕重次序來排列，儘管對妳們而言。或許某幾個方式比其他一些方式更為重要。認真反思，然後開始把這些祕訣用於妳們的婚姻中，用其獲得對方應給予的關心和愛。

☆ 性連結。成功連結的夫妻已經適應了對方的情感需要和身體需要。了解、信任和對情感的忠貞不渝使他們的愛情更加堅定。忠貞不渝的性愛是達到情感親密的祕訣。

☆ 社會連結。夫妻間互相吸引並得到別人的友誼。這些夫妻堅持他們的忠貞不渝的婚姻，社會連結對這些夫妻而言極其重要，這樣一來，他們就能意識到自己對自己的婚姻以及自己對別人的婚姻應負的責任。

☆ 分享連結。「成功連結」的夫妻在家庭中有平等的地位。雖然他們中的一方或許比另一方更有實力，但他們的決定是彼此共有的，是經過彼此協商的。他們之間常常互相妥協和無條件的同意對方的意見。

☆ 互補連結。著名的首席芭蕾舞者瑪格．芳登曾被人們問道她是如何與她半身不遂的丈夫維持美滿的婚姻的。她回答說：「我跳舞，他思考。」成功的夫妻在於彼此互補差異時，他們會欣賞彼此的相似之處。他們相似的人生觀使一切都變得那麼舒適．而他們各

自獨特的個性又使一切變得有趣。

☆樂趣連結。「成功連結」的夫妻都很會一起玩。他們相處在一起並不只是反思，他們一起歡笑·一起冒險，一起獲得成功。他們的性格就像一瓶好的「雞尾酒」。混合在一起形成一種協調的口味。無論是觀察小鳥，到大峽谷旅遊，出海遠遊，還是與孩子在公園散步，這些夫妻都能一起開心的遊玩，而且盡興而歸。

☆珍愛伴侶優點連結。「成功連結」的夫妻雖然很清楚伴侶的缺點和不足，但他們努力忽視這些缺點。他們「彼此寬容」，為伴侶的優點和獨特的個性而歡呼。他們其實常常忽略另一半的怪癖行為，只會盡力把注意力放在他們之間美好的一面上。

☆信任連結。信任連結是成功婚姻的基礎。這是幸福的夫妻互相連結的最重要的形式之一。他們知道自己的伴侶不會歪曲事實真相·他們深信彼此之間永遠存在忠貞的愛情和互相的尊重。因為相信彼此的真誠，他們之間的愛情得到不斷發展。

☆無私連結。自我犧牲、無私和愛心：生活的成功似乎可歸納為幾個簡單的美德，如仁慈、誠實、有禮貌、有責任心和同情心。因為他們明白婚姻的奇蹟來自於這些簡單的美德，說出它們很容易，但真正做出來很難，所以成功連結的夫妻都具有自我犧牲的精神。

☆精神連結。他們的共同信仰是打造一個成功的婚姻。不管他們是否有所屬的宗教。他們的精神價值觀都使他們的婚姻變得更充實、更溫暖——但如果沒有的信仰和愛好，這

一切將變為不可能。他們有一個共同的人生觀，認為他們得到的所有的教訓都有助於他們自身的發展。當他們經歷了每場風雨。慶祝自己成功的度過每個季節時，他們就更加的相信愛情。

如何告訴對方妳的需要

☆在辛苦的工作了一天之後或在妳們其中一人喝了許多酒後的晚上，向他訴說妳的需要是行不通的。妳應該在一個充滿陽光的日子裡冷靜的說出妳的需要，要常常說出自己的想法！

☆說出需要之前，妳應先告訴他最近妳們交往中的一些好的事情。比如「妳常常很體貼我」或「我們一起度假時，從不會不開心」。不要說假話，但要強調他做的好的事情。

☆大多數男人只會認真聽那些簡明扼要的觀點。所以務必使妳要說的東西簡單而又真實。

☆在鏡子中．妳直視妳的眼睛，然後用明確、簡單的語言說出妳的顧慮。要慢慢的說，細心的說。留意當妳慢慢的、冷靜的說出想法時，妳的信任度看起來有多少。

☆當妳說出妳的感受，留意接下來會發生什麼事情。他會給妳一個答覆嗎？他會思索相關的事情嗎？一定要留意他說了什麼以及他是如何說的？

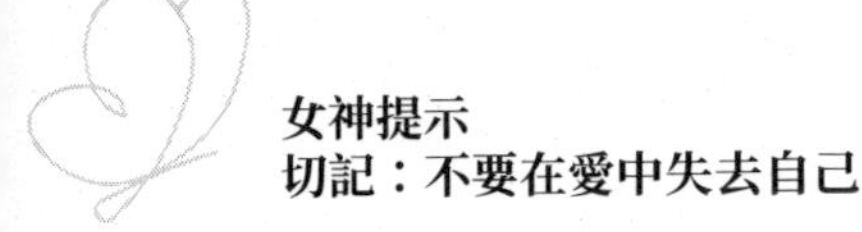

切記：不要在愛中失去自己

請記住：愛情是有一定原則的，即使在愛情中女人也不能完全的失去了自己。而女人又是最容易在愛情中丟失自己的。有多少女性會願意為了愛情而把自己完全改變。

應當承認，在一段新的愛情展開時，為了得到心愛的人的喜愛，妳往往會讓自己表現得如他喜歡的樣子，比如說他喜歡聽的話，改變自己的穿衣風格以迎合他的喜好，做他喜歡的事情。但是當一段時間以後，妳突然感覺到妳已不是原來的自己了。

作家蘇珊．傑佛斯在她的《對男人開誠佈公》一書中說道：「但當他要求妳所做的改變讓妳感到不愉快時，妳必須要有足夠的勇氣和智慧對他說：謝謝你的建議，但那樣做有違我的本性。」她給了女性一個警告：不要失去自己。

如果妳已經習慣於聽從他的建議，即使那是妳不希望的結果；

如果妳們遇到爭吵，而妳總是首先做出讓步；

如果妳已經和那些關心妳的人越走越遠……

那麼，妳真的應該審視一下自己，妳是否已經在和他的這種親密關係中日漸失去了自己。

果真如此的話，首先要從檢查自己內在需求開始，問問自己究竟需要什麼，自己為什

麼不能鼓起勇氣說出不想為了取悅他而改變。

與此同時，求助於自己的知心朋友，她們可以幫助妳重新審視自己的處境，並給妳一些建議。

測試：妳的婚姻是否美滿？

走進婚姻的殿堂後，隨之而來的雖然是再平凡不過的生活。每天面對的不是風花雪月，而是柴米油鹽醋等日常瑣事，其中的酸甜苦辣，真是如人飲水，冷暖自知。不過，從對日常種種事件的反應上，也能夠測試出妳的婚姻是否美滿，是否具有某種潛在的危機。

準備結婚或已經結婚的男女，不妨測測以下問題，看看妳們的婚姻是否穩固。請選擇是或者否，然後對照結果看自己的評量。

1　我們會因為同樣的笑話開懷大笑，會在很多事情上面保持默契。

2　我們的生活習慣，包括吃穿用等方面的習慣基本相同，沒有什麼大的分歧。

3　只要是和我喜歡的人在一起，就算被困在荒島上幾個星期，我也心甘情願。

4　在哪裡吃飯比吃什麼更難以讓我們達成一致，因為我們一個人注重吃飯的環境，另一個則更看重食物的品質。

5　我為我伴侶的職業感到驕傲，我伴侶也很支持我的職業選擇。

6 如果有機會去海邊，我們中會有一個人興奮的去衝浪，另一個人則寧願躺在海灘上曬太陽。

7 兩個人都有相同的道德傾向，對那些被包養的人，我們都會表示厭惡。

8 制訂計劃的時候，我們當中的一個人會鄭重其事的找出記事本，寫在上面，另一個人則常常是隨手抓一張廢紙，用它的背面塗寫。

9 我們對當前社會上的一些時髦現象，比如染彩色頭髮、穿露臍裝等持有共同的看法。

10 我們當中的一個人在吃的方面很簡單，愛好泡麵和漢堡，另外一個則對營養和美食頗有研究。

11 對於一些有爭議的社會專注問題（比如同性婚姻、是否可以複製人……）我們持相同的立場。

12 在生活習慣上，我們當中的一個人習慣把內衣疊好，整齊的放進抽屜，另一個人則只是隨便的把它們塞進去。

13 我們當中的一個人如果給自己的父母送去一些錢或禮品，另一個人會表示出反對或不理解。

14　對夫妻生活，兩個人都比較熱衷，而且很融洽，在一起的感覺很好。

15　有一方或者雙方都不想談論有關性的問題，覺得只要做得好就可以了，這種問題沒有必要兩個人談論。

結果：

選擇肯定答案在六個以下：妳們的婚姻生活有很大的隱患，兩個人的分歧太多，生活中容易出現矛盾，兩個人還沒有很好的磨合。

選擇肯定答案在七到十二個的：婚姻生活比較美滿，雙方雖有分歧，但也有互補性，如果關係處理得好的話，肯定是美滿的一對。需要注意的問題是遇到爭執的時候需要保持冷靜。愛，需要雙方共同的呵護。

選擇肯定答案在十二個以上的：婚姻生活已經經過了考驗，兩個人在各方面都比較有默契。需要注意的是不要因為太熟悉而產生厭倦心理。

第四章　愛與美神阿芙蘿黛蒂

女神故事

阿芙蘿黛蒂是希臘奧林帕斯十二主神之一，羅馬名字是維納斯，九大行星中的金星。在所有女神當中，維納斯是最美麗的一個，她掌管著人類的愛情、婚姻、生育。維納斯是愛與美的完美結合體。她的一舉一動流淌著優雅和適宜。她是品位的代表，有著氣質和內涵，從內至外的美麗就是百分百的魅力。

阿芙蘿黛蒂是宙斯與狄俄涅所生的女神，但有另一說法說她是由天神烏拉諾斯的遺體所生，在海中的泡沫中誕生。

阿芙蘿黛蒂象徵愛情與女性的美麗，她有古希臘最完美的身段和樣貌，一直被認為是女性體格美的最高象徵。阿芙蘿黛蒂的美麗，使眾女神羨慕，也使眾天神都追求她，甚至連她的父親宙斯也追求過她。但宙斯的求愛遭到拒絕之後，宙斯把她嫁給既醜陋又瘸腿的火神赫菲斯托斯。但是阿芙蘿黛蒂卻愛上戰神艾瑞斯，並和艾瑞斯結合生下幾個兒女，其中包括小愛神厄洛斯。

她的美能迷惑所有的神明和凡人。這位愛笑的女神，她甜蜜而譏諷的嘲笑著那些被她玩弄的人；她令人無法抗拒，甚至於將智者弄得方寸大亂。羅馬人也用相同方式描述她。美麗伴隨著她而來；風在她面前消聲；暴風雨在她面前匿跡；馨香的花朵潤飾大地；海浪

潮她微笑；她在歡愉的亮光中移步。沒有她，到處都失去歡欣和悅樂，這是詩人對她的描繪及寫照。

桃金鑲樹是她的聖木；白鴿是她的聖鳥，有時，麻雀和天鵝也是她的聖鳥。

在希臘神話中，關於她的出生是這樣描繪的：

少女維納斯剛剛浮出水面，赤裸著身子踩在一隻荷葉般的貝殼之上；她身材修長而健美，體態苗條而豐滿，姿態婀娜而端莊；披散著一頭蓬鬆濃密的秀髮與光滑柔潤的肢體形成了鮮明的對比，烘托出了肌肉的彈性和悅目的胴體；風神齊菲爾吹著和煦的微風緩緩的把她送到了岸邊；粉紅、白色的玫瑰花在她身邊飄落，果樹之神波摩娜早已為她準備好了紅色的新裝；碧綠平靜的海洋，蔚藍遼闊的天空渲染了這美好、祥和的氣氛，一個象徵美的和創造美的生命誕生了！

美神阿芙蘿黛蒂曾與智慧女神雅典娜、天后希拉爭奪金蘋果，而美神阿芙蘿黛蒂力壓其他兩位女神得到世上最美麗的女神稱號，也是導致後來的特洛伊戰爭的原因。

由於很多千絲萬縷的原因，希臘諸國聯合出兵「特洛伊」，雙方已交戰長達九年之久，由於宙斯的默許，諸神都分成兩大陣營，幫助自己支持的國家。「特洛伊」一方有美神阿芙蘿黛蒂、戰神艾瑞斯、狩獵女神阿提米絲、河神斯卡曼德及太陽神阿波羅。當中美神阿芙

蘿黛蒂更讓自己的兒子艾尼亞斯作為「特洛伊」的武將。

在其中一次會戰之中，艾尼亞斯為希臘猛將所傷，美神阿芙蘿黛蒂護子心切，為了保護愛子被希臘人所傷。美神阿芙蘿黛蒂帶傷向宙斯哭訴，不但被雅典娜及希拉冷言冷語，更遭到宙斯批評：「妳是掌管情愛的女神，軍事戰爭明明不會，為何以身犯險。」

這就是有名的「美神不懂軍事」的典故。

女神分析

戀愛時也不會受人擺布

阿芙蘿黛蒂，這位愛笑的女神，她甜蜜而譏諷的嘲笑著那些被她玩弄的人；她令人無法抗拒，甚至於將智者弄得方寸大亂。

羅馬詩人這樣描述她：

美麗伴隨著她而來；風在她面前消聲；暴風雨在她面前匿跡；馨香的花朵潤飾大地；海浪朝她微笑；她在歡愉的亮光中移步。沒有她，到處都失去歡欣和悅樂，

可見，她在戀愛關係中，一定處於上位，不會受到他人的擺布。

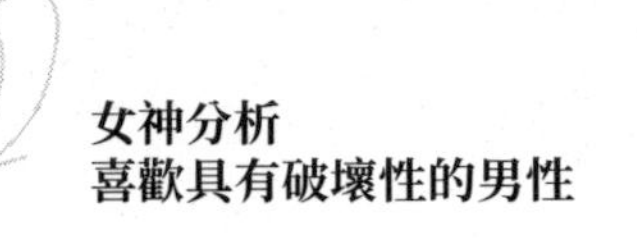

善於自我表現，表情豐富

神話中用這樣的語言描繪她：她的一舉一動流淌著優雅和得宜。她是品位的代表，有著氣質和內涵，從內至外的美麗就是百分百的魅力。

可以說，女神阿芙蘿黛蒂是一位善於自我表現，表情豐富的一位女性。

喜歡具有破壞性的男性

戰神艾瑞斯是個生性殘暴、具破壞力的一個男神，但卻得到了女神阿芙蘿黛蒂的芳心，也許是由於性格上的互補所致。常言道，美女愛英雄，相信正是如此，女神阿芙蘿黛蒂才拒絕了父親宙斯的求愛，同時逃離了宙斯強行要求她嫁給的那個既醜陋又瘸腿的火神赫菲斯托斯，最後愛上了戰神艾瑞斯，並和艾瑞斯結合生下幾個兒女，其中包括小愛神厄洛斯。

女神修練

修練好妳的內功

一個人的姿色在很大程度上是天生的。不過俗話說三分長相，七分打扮，姿色要靠修飾，對於一個女人來說，內涵卻是非練不可的。這裡頭有一些規律，我們不妨總結如下：

☆漂亮的女人人人都喜歡

所謂愛美之心，人皆有之。漂亮的女人誰都喜歡。

不妨看看現在的女名人，或者翻開財富排行榜，看看那些有錢的女人，大部分都與姿色有些關係。

大家都熟悉的國際影星張曼玉，她之所以能夠出名，如果不是因為她在一九八三年獲得香港小姐亞軍，她甚至難以步入影視界。因為有了港姐這個招牌，她才能夠成為眾多知名導演心目中的寵兒，再加上自身的勤奮，先後與王家衛、許鞍華、徐克、爾冬陞、關錦鵬等導演合作拍片，現在她的收入早已經是天文數字。

再看看明星主播侯佩岑，誰會忽視她鄰家女孩般的青春氣質呢？超級名模林志玲更是要相貌有相貌，要身材有身材。

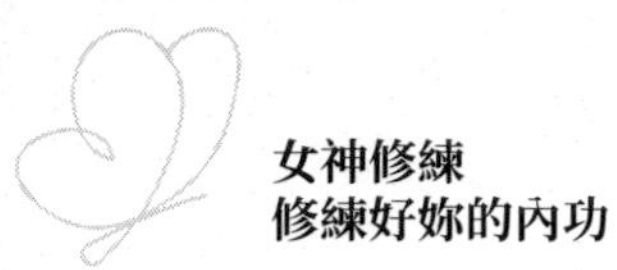

甚至連女作家都要打上「美女作家」的稱號。男人喜歡美女這早就是個人盡皆知的祕密。

☆ 白面書生喜歡辣妹

很多時候，我們都能看到一些長得斯文的白面書生會愛上一些潑辣的野蠻女友。甚至《我的野蠻女友》這部電影中的男主角都是長得一副老實相。

也許這是一種性格方面的互補吧。辣妹雖然潑辣，甚至不講理，可這些正是這些男人所缺少的。如果妳是個辣妹，實在不用擔心那些斯文男不會愛上妳，雖然他們表面上似乎不敢正視妳。

☆ 粗獷男最喜歡乖乖女

同樣的道理，長得粗曠健壯男人往往會對那些乖乖女情有獨鍾。女人的弱小秀麗在乖乖女身上一覽無遺，極大的滿足了男人的大男子主義。這也許才是愛的本來面目。

愛本來就是自私的。世間男女雖然為了愛會放棄很多，甚至是一切，但是愛本身卻首先是滿足自己的一種感覺。

從這裡妳應該明白，沒有無緣無故的愛，所有的感情都源於人內心的渴求。對方愛上妳，不是因為妳最美、最善良，往往是因為妳正是他所深深喜歡的類型。明白了這個道

理，就懂得了感情的大半。

☆ **中年男子喜歡青春少女**

這是一種青春的補償心理，中年男人在青春逝去的時候徒然的想抓住青春的尾巴，青春少女能夠滿足他們的感官。不過，這種喜歡也許很難說是愛，儘管，他也許會付出很多東西來補償。

☆ **浪蕩公子喜歡純情女生**

這是大男子主義最典型的表現，一方面自己花天酒地、尋花問柳，卻要女人是一張毫無內容的白紙。好險這種情況大多發生在瓊瑤的小說中。

懂得了這些道理，想來妳在打扮的時候就會有的放矢。不要以為老實男人就會喜歡女人淳樸保守的打扮，更不會明明知道對方喜歡乖乖牌女生，妳卻偏偏來個貓眼紅唇的性感裝扮。

女性紅顏攻略

☆ **以彼之道還治彼身**

男人有時候很奇怪，妳對他越好，他越飄飄然，對妳愛理不理。這種時候，妳不妨施

展這一招。妳追他跑，妳跑他追。人總是在失去的時候才會感覺到擁有的可貴。

另外，如果他是條件好的男人，但被女人寵昏了頭，雖然妳是他的女友，但他對妳好像不夠認真。一會兒纏得妳沒有半點空閒，一會兒卻把妳晾在一邊置之不理，有時妳還會耳聞他和某個女孩走得頗近。

這是因為也許他還未能確定自己的心意，也許他想試試妳的反應。妳可千萬別讓他得逞，對他也來個「以彼之道，還治彼身」，讓他覺得妳也有很大的魅力，妳也有眾多的裙下之臣。妳越是難以掌握，男人越是想去征服。

☆主動進攻

現在不是女人被動的時代了。男人為了物質而打拼，往往在感情上比較被動，女人倒不妨主動一些。很多鑽石王老五往往都是感情上的菜鳥。一些女人常常問：交往許久，為何他從不碰我？別憂鬱也別擔心，妳自己進攻好了。

所以，如果妳遇到一個交往了半年，他卻居然連妳的手也沒有碰一下的男人，就別胡思亂想了。遇到這樣的人是妳的幸運，也是妳的不幸，妳只有主動一些，在適當的時機，假裝無意的「主動」引導一次就可以了。

如果他對妳沒有意思，那麼妳這也只是「無意」的舉動；如果他有意而只是不知道該

如何行動，那麼就萬事大吉。

☆給他一個台階

感情發展起來容易，維持、鞏固卻往往很難。實際上，沒有幾個戀人沒有經過吵架、冷戰等磨合期的。在這種時候，這種策略是維持關係的一大法寶。

兩個人的感情進入了全盛時期之後，很快就會開始降溫，各自發現對方的弱點，所有的情人都會發生爭執。這種時候最忌諱的是怒氣衝衝的各行其是。

妳可以傷心失望，但是絕不要賭氣。賭氣是舊式女性的專利，對妳可沒有半點好處。因為妳要的不是和妳的情人爭一口閒氣，而是了解各自的心理，為感情的發展做好準備。

如果確實是妳錯了，不如在怒氣平息之後給他打個電話，他自然也就有了台階可下。也許他給妳的補償會出乎妳意料之外，因為妳的大度讓他深感慚愧。

☆冷靜找出矛盾的焦點

兩個人鬧矛盾的時候，實際上也是戀愛中的兩個人鬥智鬥勇的時候。這時妳最好不要沉不住氣，因為一些小事情就發怒或者威脅對方。

當妳正全心享受戀愛的甜蜜時，他卻突然一反常態，好幾天不與妳聯絡或是逃避與妳的約會。這的確會讓妳很不爽。

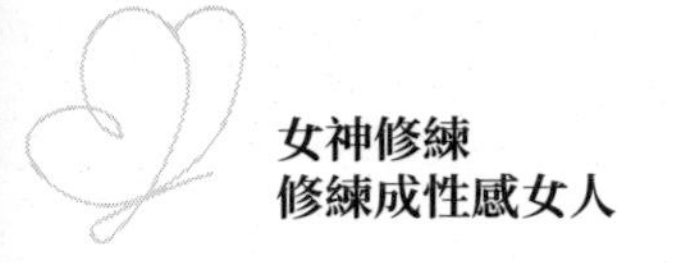

可是妳的發怒、威脅實際上無濟於事。另外無盡的等待而不去探究真相也過於消極。妳應該冷靜下來，找出問題的所在，是他父母的高壓政策，還是他的錢女友又來干擾，或者他的事業面臨重大選擇而無暇顧及到妳？

只有知道發生了什麼，妳才能對症下藥。盡量在第一時間了解真相，以便做出相應的對策。

☆ 背水一戰

歷經種種磨難，妳們終於水到渠成、感情穩定了。可是他遲遲不向妳求婚，妳身邊的朋友都已成婚了，朋友們聚會時也經常拿妳們打趣，妳也有些茫然了。如果妳已做好準備做他的新娘，就不要再猶豫了。不管他是因為自己經濟基礎不夠雄厚，還是擔心自己無法適應為人夫的新角色，妳都要鼓勵他不必太在意，他若是實在開不了口，乾脆妳來開口，把他「逼上梁山」，以得到妳想要的結果。

修練成性感女人

☆ 修練成性感女人之自信

自信不是與生俱來的，那是自我修練的結果。修練自信要經歷三個階段：

第一階段：綻放出由衷的笑容

自信不是天生的，作為一個獨立的人，我們每個人都有自卑的情緒。但是，要讓自己在艱難中活下去且活得好，首先就要有自信。自信是女人生命的氧氣。即使在妳還沒有獲得自信的情況下也要學會歡笑，哪怕開始只是強顏歡笑，只要不放棄，妳終能綻放出由衷的笑容，這就是心理暗示的作用。

第二階段：在跌倒和爬起中成長

「荒謬出偉大，危險出經典」是句有名的格言。它揭示出，真正的自信源於不怕失敗的勇氣。就像一位著名冰球運動員的座右銘：「我們在跌倒和爬起中成長。」沒有失敗的經驗，就沒有自信的資本。

第三階段：進步法則

每個人都不是完人，每個人都需要不斷進步。因此記住如下的進步法則：一個人，只有在微觀上不斷的否定自己，才能在宏觀上真正的自我肯定。

☆ 修練成性感女人之信念目標

有無目標是人和動物的本質區別。只有人才能脫離短暫的生存目標而進入長遠的生命

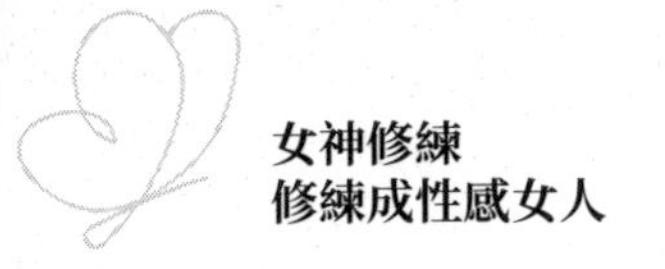

領地。今天，學會為自己制定目標已不再是男人的「專利」，它同樣也是女人的選擇。為此，讓生命旅程中的「我想」和「我要」成為妳持之以恆的動力。

尼采說：「一個人只要知道自己為什麼受苦，他就能忍受一切苦難。」對於今天的人，苦難雖不再是衣食上的匱乏，但生存的艱辛感卻更加沉重。對此，只要妳知道為什麼，所有的「生命中不可承受之重」都能化作「生命中可承受之輕」。

☆ 修練成性感女人之親和力

愛迪生說過，一個成功者和一個普通人的差別只有三個：一是毅力；二是毅力；三還是毅力。因此，所有想成功的職業女性都應該記住，從不放棄不僅是男人的信仰，更是女人的生命。

無論過去還是現在，無論不同的男人對女性魅力有怎樣不同的標準，有一點恐怕是共同的，那就是親和力。親和力不是傳統意義上的逆來順受，更不是世俗意義上的賣弄風情。真正的女性親和力是一種內在的秀麗：恬靜加力量，智慧加有分寸，勇氣加幽默，原則加寬宏大量。

作為職業女性，如果妳在和男人的來往中顯示出自身的親和力。妳不但張揚了自己的性感，還能贏得男人的青睞和尊重。

只有青睞沒有尊重容易招致輕薄，只有尊重沒有青睞容易導致冷漠。只有在青睞和尊重並重裡，妳才能做一個真正的性感女人。

只有這樣，職業女性才能在男人主導的世界裡運籌帷幄，游刃有餘。在男人需要妳時，恰如其分的付出；在妳需要男人時，得到他們的鼎力相助。

輕鬆呵護妳的美麗

女人的美麗，是要靠女人自己來呵護的，千萬不能把呵護自己的美麗當成「受罪」。香港名媛薛芷倫就認為做女人好過做男人，因為女人可以裝扮漂亮，可以豔光四射，還說「下輩子還要做女人」。下面幾種輕鬆呵護美麗的方法妳也不妨試試：

☆ **充足的睡眠時間**

足夠的睡眠可以讓身體產生更多的生長激素，這是抗老化最重要的化學成分。作息要有規律，一天能睡夠七個小時最好。

☆ **堅持鍛鍊**

別偷懶，一週至少要運動一個小時，不懂跳瑜珈舞和練功夫的話，慢跑或爬山也不錯，最好是可以大流汗一番，以強化身體與心臟血管的功能。

☆吃早餐

早餐應以蔬菜和水果為主。一日進餐準則如下：豐富早餐，適量午餐，輕量晚餐。

☆多吃蔬菜、水果、豆類製品

蔬菜水果含有豐富的維生素C，多吃有益身體健康，還可以使皮膚白嫩光滑；豆類含有一種能降低脂肪吸收功能的成分，既可滿足人體對蛋白質的需要，又可減肥。

☆每天一小酌

小飲一杯兼具美顏及強身功效的紅葡萄酒，有助心臟功能健康。

參加課程：參與業餘活動如學習攀岩、跳舞或語言課程，不但能充實自己，也可讓自己更年輕。因為「相由心生」。

☆放鬆心情

笑口常開也是年輕的不二法門。

☆交朋友

朋友可作為傾訴的對象，舒緩情緒壓力。

☆精心打扮自己

懂得愛護自己的女人一定懂得打扮自己。因此，從頭髮的樣式、護膚品的選用、服飾的搭配到鞋子的顏色，無一不需要妳細心的打點。從頭到腳都是需要花很多的時間和心思的，因此，要想做貴氣的女人就必須從做精緻的女人開始。可別小看了細紋，也許僅僅因為指甲油的顏色不合襯也會導致妳的前功盡棄。

男人們說過，對一張細緻的臉說話要比對一張粗糙的臉說話要有耐心得多，儘管男人說出這樣的話使大多數女人不滿，但這又確實是不爭的事實。因此，女人的臉部呵護是極為重要的。護膚品的選購和使用絕對不能偷懶，因為它關係到妳的「面子」工程。

但大多數女人會覺得護膚過程比較繁瑣，無法堅持。但妳有沒有試過，在家裡敷上面膜後，打開音響來聽幾曲席琳．迪翁的歌，然後倒在沙發上閉目養神的那種享受呢？尤其是當妳看到一張容光煥發的臉從面膜後脫殼而出時，妳的內心又是怎麼樣的喜悅呢？

打扮自己不單是一種行為，更是一種調節自我心境的好方式，也是減壓的好途徑。

暢銷書《一隻烏龜的智慧》中所講述的關於「椰子酒」故事，就告訴我們：我們從小就認識的朋友、周圍的親人、身處的環境、我們自己，也許就是我們最值得珍惜的一筆財富。學會珍惜自己、珍惜當下所擁有的一切吧，妳會發現生活是如此美好！

女神提示

吃出妳的美麗

一個人的容貌美不美，除了先天因素之外，後天的精心調理和保養是非常重要的。妳要懂得什麼是養顏食物，什麼是美髮食物，什麼是明目食物，什麼是護甲食物以及固齒食物。

美麗是由身體組成的，身體能夠持續存在首先就取決於營養，其次還有環境，再來才是內部的機能。所以，打造美麗就要從多個方面來入手。

美容專家認為，美的關鍵應當來自人體內部，許多有益於人體健美的食品，對一個人的健美將會起到意想不到的作用。

為此，國外有關營養學家提出以下健美食譜。若遵循著去做，將使女人更美麗，男人更英俊，現代生活更加美好、歡樂。

身為愛美女人的一員，妳必須知道妳應該吃什麼，不應該吃什麼。

☆　養顏食物

美容駐顏與抗老防衰是密不可分的。葵花籽和南瓜籽富含鋅，人體缺鋅會導致皮膚迅

速生皺紋。為此，人們每天嚼食幾粒葵花籽或南瓜籽，可使皮膚光潔，延緩皺紋的形成。同時，每天早晚各吃一個奇異果，奇異果富含維生素C，有助於血液循環，更好的向皮膚輸送營養物質。而維生素A可使皮膚富有彈性，延緩鬆弛。動物肝臟、乳類含有大量維生素A。

☆ 美髮食物

三十到四十歲，人的頭髮開始老化。而頭髮的健美是美的關鍵，青年期就要給予適當的養護。雞蛋富含硫，每週吃四個雞蛋，可以使頭髮亮澤。鋅和維生素B群可以延緩白髮的生長。高蛋白食物如肉類、魚類、蛋類等，再配上新鮮的蔬菜，對濃密的頭髮來說將起著重要的作用，因為頭髮的百分之九十七由角蛋白組成。

☆ 明目食物

明亮而有神的雙眼，可以增加一個人的風韻。每週吃三次用植物油烹煮的胡蘿蔔。胡蘿蔔富含維生素A、E，能增強視力，起到明目的作用。用帶麩皮的麵粉做的麵包含有大量的硒元素，常吃這種麵包，可使眼睛免遭細菌、病毒的侵害，有助預防眼疾。維生素C能改善視力，經常吃柑桔類水果有助於眼睛防護。

☆ 固齒食物

整齊而潔白的一口牙齒，能給人一種美的感受。每天吃一百五十克乳酪，並加一個檸檬。乳酪裡的鈣能使牙齒堅固，維生素C能殺滅口腔裡導致齲齒的細菌。此外，多吃魚和家禽也有益於保護牙齒，因為這些肉類食品中含有固齒的磷元素。

☆ 美甲食物

秀氣的指甲可以給女性增添嫵媚。均衡飲食，女性將擁有一雙晶亮豔麗的玉手。優酪乳含有促進指甲生長的蛋白質，每天喝一瓶優酪乳大有好處。核桃和花生富含能使指甲堅固的生長素，常吃核桃和花生能預防指甲斷裂。

表露愛情的技巧

愛情是男女兩方面的事，追求是互相的，男追女的遊戲規則則早已過時。相反的，現代男性往往很歡迎女性的主動追求，他們認為勇敢追求真愛的女性才是可愛的新時代女性。但女性容易害羞，不便坦白表示，那怎麼樣才能巧妙的把心思傳達給對方呢？以下辦法可供參考：

☆ **求志趣相投**

妳首先應做個有心人，多方觀察心上人的興趣和愛好。然後努力向其靠近。比如他喜歡文學，妳可以找機會和他到圖書館借書看，注意看清楚他喜歡哪一類書，以後自己也多借同類書籍來看，即使是自己不愛看的書也要看個大概，然後找個機會和他聊上幾句，把話題轉到這類書的內容上，自然就可以談得很投機。還有在平日的言談中妳若發現他喜歡什麼音樂。可以買來送給他；發現他喜歡什麼活動，妳可以在適當的時候提出一起去。這樣他就會發現彼此的志趣很相投，自然而然對妳產生好感。

☆ **依靠肢體語言**

戀愛中的肢體語言譬如微笑和眼神交接，都是傳遞妳好感和善意的好方法。要注意的是微笑的長度和弧度，嘴角微揚，至少三到五秒的時間；眼神交接不能直直的盯著對方看，應該互視，移開，互視，移開，互視……這樣會給對方一種神祕感。眼睛是心靈的窗戶，他看著妳的眼神，多少也能猜出妳的一片心了。

☆ **適當暗示**

東方女性崇尚的是含蓄、矜持，但如果妳確實喜歡他，妳可以用向他借一本書、一把傘等辦法給他以暗示，為進一步接觸創造機會。暗示後若對方不表示拒絕，就可以採用半

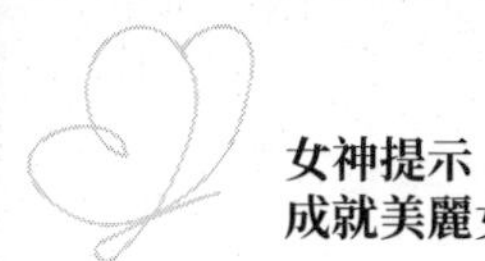

暗示法，如邀請對方看電影，聽音樂會，或是出外郊遊等……還可以贈給對方自己的照片，並在背後題上表露愛情的詩詞、送對方一束鮮花等，也都可以把愛的心意傳達給對方。

☆ 借長輩的口讚美他

可以借父母的口把妳心裡話說出來，這樣就不會覺得尷尬。例如「我媽媽經常誇你為人大方熱情，愛替他人著想。說她要是有這麼個孩子真是有福分。」他聽了一定心裡美滋滋的，日子久了就會感覺這是妳對他的評價。美好的愛情就萌芽了。

總之。女孩採取主動追求的，要多設計一些和心上人在一起的機會，看他參加什麼社會活動，自己也有意識的積極加入，以求在共同工作的過程中向他表露心跡。

成就美麗女人的五個條件

世界上有兩種女人，一種是美麗的女人，一種是毫無美麗可言的女人。有些女人雖然面容不美，但卻具有吸引人的魅力。

這種魅力使女人變得風姿綽約，異常迷人。

可以說，成為美麗的女人是每個女人的最大夙願。那麼，這種願望是否真的可以實現呢？我可以肯定的說，完全可以。想要成為美麗女人，與生俱來的素質雖然很重要，但是

亦可靠後天的培養獲得。

☆培養氣質與個性

一個女人即使容貌美麗，但是一旦缺少氣質與個性，就不能稱之為富有魅力的女人。所以，女性的言談舉止、化妝、服裝等，都要表示出個人的氣質與個性，如此，才能夠吸引別人。

☆具有創造性

有創造性的女人樂於獨立思考，她們對事物有自己的看法，敢於發表出自己的意見。這種富於創造性的女人，對於四周的事物總感覺到不滿足，往往會試著去改變它。

很多人都喜歡和這種女人在一起，因為這種女人能夠不斷的發現新東西、新事物，給周圍的人不斷的帶來驚喜。過去我們所不曾注意到的，有關新東西的見解，往往會由她們先發現。

當她把這些驚奇帶給別人之時，也正是她們最具魅力的時候。

☆清新颯爽

清新是女性的象徵，一般來說男性都非常注意女性的裝扮。所以清新颯爽也是具有魅力的女人不可或缺的條件。

☆ 聰明睿智

我們生活在一個知識時代，也是高科技的時代，充滿競爭，也充滿挑戰，同時，女性生存的壓力也越來越大。女性必須有較高的悟性，在商場和職場中，能機智的處理事物，並善於待人接物。如果有這種女人作為妻室，男人一定也會感到非常幸福。賢慧而能幹是成為富有魅力的女人所不可或缺的重要條件。

☆ 求知欲

有求知欲的女性，大多數具有生活能力，她們通常都有一份屬於自己的工作，並借此來充實自己的精神，不時的鞭策自己向上，過著相當有意義的生活。她們絕不會把結婚當成一張長期飯票。因而對婚姻方面具有獨立自主的想法，不希望自己百分之百的依賴對方。凡是具備這些條件的女人，都有一定的吸引力。

除了這些條件之外，如果妳還能夠不斷的積極奮發，不斷的充實自己，有一顆愛人之心，還有一點情趣，那麼，妳就是一個魅力十足的女人了。

八大美麗女人

☆愛讀書的女人

喜愛讀書的女人，不管走到哪裡都是一道迷人風景。也許她的相貌平平，但她的美麗卻是從骨子裡透出來的，她們談吐不俗。儀態大方。喜愛讀書的女人，她的美，不是鮮花，不是美酒。她像是一杯散發著幽幽香氣的淡淡清茶。

愛讀書的女人，更善於傾聽。因為書本教會了她們謙遜，她們從古今中外聰慧明達的賢人結晶中吸收營養。

愛讀書的女人，更樂於思考。因為書開闊了她們的眼界。拓寬了她們原本狹隘的胸懷；讀書的女人，更充滿自信。因為書讓她們明辨自己的長短。

愛讀書的女人沒有不美麗的。她的微笑、她的聰慧、她的妙語連珠，甚至她幽深的眸子，都是風景裡的青山綠水，是花間的蝴蝶、月夜的笛音。這種自生命中流露出來的美麗，比任何珠寶的襯托都要有韻味。

然而不讀書的女人像是衣架，她的目光是散漫的，心是空的。一個心靈空空的女人就不會耐看，就不會有優秀的男人去長久的注意和喜歡她。

做個愛讀書的女人吧！在忙忙碌碌之餘，捧起書來讀吧，安靜的坐在燈下，讓美麗和

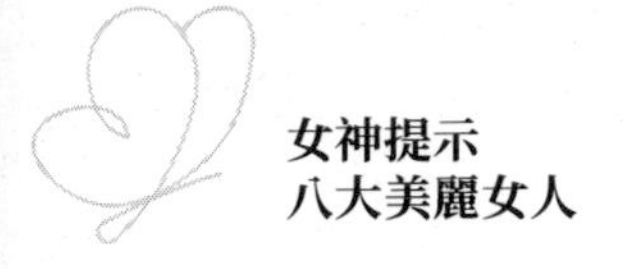

心靈結合在一起。

☆ 快樂的女人

現代女性，尤其是大都市裡的女子，她們的生活並不是很輕鬆，因為她們要面對感情、事業、生活等來自四方八面的衝擊。然而有一些女人似乎生來就不知愁為何物。她們認真工作、操持家務、生兒育女，過得很快樂。無論妳什麼時候遇見她們，她們總是笑容可掬，一臉輕鬆，周身散發著輕鬆和愉快，感染著周圍的人。

實際上她們在生活中遇到的問題和麻煩並不比別人少，區別就在於她們對待問題的態度和方法不同，快樂女人有自己克服困難擺脫逆境和保持輕鬆的祕訣。

的確，女性的細緻、認真、敏感，使她們在某些方面比男性更有優勢。而另一方面，女性也有心胸狹隘、多疑、偏執、完美主義、情感脆弱等缺點。

有許多女性常常容易懷疑丈夫或男友的忠誠，把很多精力用於胡思亂想。她們不僅對對方缺乏信任，更缺乏自信。其實與其整日胡思亂想，不如多考慮自身的成長；與其像看賊似的看住丈夫，把自己折磨得心神俱損、容貌憔悴，還不如專注於提高自身素養，完善自己。要看住一個人往往是看不住的，掌握自己才是最重要的。自信、自愛的女人才有魅力，才能留住丈夫的心。快樂的女人就是深諳其中道埋，與其胡思亂想不如完善自己。

然後，妳就會發現海闊天空，生活更精彩。

認識自己的特性及喜惡很重要，不論狀況變化如何，快樂女人總記得提醒自己，我已經足夠好了，追求是無止境的，為何要在追求過程中空虛而痛苦呢？做個快樂的女人吧！

☆ 優雅的女人

優雅是一種永恆的時尚。優雅的女人是同類中的尤物，她們往往會留給男人無窮的想像空間。當優雅成為女人的一種自然氣質時，這位女性一定顯得成熟、溫柔而又善解人意，無需太多的言語就能與妳進行心靈的溝通，達成心靈的默契。

優雅是沒有年齡的，楊絳女士到了高齡九十多歲時，都還是一個非常優雅的人。楊絳女士學貫中西，氣度非凡。她與錢鍾書先生一起，照耀著二十世紀中文的知識界與文壇。

浪漫與優雅的俄羅斯女郎身上的那種執著尤為讓人感動，假如她們貧困得只剩下一個盧布，她們卻可能不是拿錢去買一塊可以充飢的麵包，而是為自己買一枝玫瑰花。

真正的優雅不是故作姿態裝出來的，優雅是一個人性情氣質的自然流露。優雅不是指臉蛋漂亮、衣著華貴，它是一個人內在文化素養與外在表象的完美結合。當人們眼前出現一個優雅的女人時，人們的眼睛會猛的亮起來，心也會為之一動。優雅讓人感受到美的不可多得，因為不可多得，所以更顯得彌足珍貴。優雅的女人使人們的身心同時得到雙重的愉悅。

☆精品女人

‧精品女人是美麗的女人。

‧美貌是精品女人最重要的基本條件，沒有外在美，怎麼還能去苛求全身心多方位的完美？

‧精品女人必須身心健康，容光煥發。

‧一個精品女人，除了美貌之外，還要有思想，否則便是一個花瓶。才華橫溢的女音樂家劉索拉，據說她的前夫想復婚，她回覆道：到後面排隊去。如果美貌使女人光芒萬丈，才華就使一個女人魅力四射。

‧精品女人心態平和，處變不驚，再棘手的事情也能理清頭緒，再大的挫折都能直接面對。精品女人還十分內斂，有著良好的心態。

‧優秀作家亦舒也用她的生花妙筆給我們描繪了自己的吃穿用度自己賺的都市女郎形象，她告誡女人，只有經濟獨立，才有本錢談人格獨立。

☆小資女人

‧小資女人很美麗、很可愛，小資女人也很獨立。

‧小資女人都有一些自戀，她們時刻約束自己的身材。她們在鏡子中找尋自己最美麗、

最有魅力的一面。展示給所有欣賞她們的人。

- 小資女人喜歡小動物，常會養上一兩隻寵物以發揮自己的愛心。
- 小資女人崇尚流行，在她們的咖啡桌上，經常擺放著時尚類雜誌，它們提醒著客人，女主人的生活與時尚雜誌中的生活一脈相承。
- 一套好的音響是時尚小資的代表，它是小資女人一種藝術品位的體現。小資女人都有筆記型電腦，相較之下，桌電不夠小資了，至少是有些品位不夠。

☆紅酒女人

- 尋常的女人不喝酒，喝酒的女人不尋常。因此能喝一點酒的女人，都多一點特別，多一份獨特的品味。
- 許多女人最鍾愛的酒是紅酒，也許因為它的味道，也許因為它的顏色。
- 剔透酒杯裡瑪瑙色般的葡萄酒，在女人的纖手中搖曳，低眉淺酌，溫柔中透著嬌媚。那是一種典雅、一種傲慢、一種矜持。
- 喝酒的女人有些特別，喝酒透露著女人的性情。從酒桌上看女人往往比平時更準確、更清楚。
- 酒到杯乾，來者不拒的女人是豪放的女子！這樣的女人個性熱辣，是極好的紅顏知己，但這樣的女人很難成為一個合格妻子。
- 別人頻頻相勸，就是滴酒不沾的女人是標準的淑女，這種女人十分少有。雖然不是甚

解風情，但一旦用情，卻絕對專一。

- 喝得不多，卻愛裝醉的女人是聰明的女人！這種女人自我控制極佳，而且做事講究手段，目的性很強。
- 老想灌醉別人，自己卻滴酒不喝的女人，這樣的女人如果長得美貌如花，那麼對於男人來說就是一件致命的武器。
- 不該醉時偏偏喝醉的女人太容易動感情，是那種愛起來天翻地覆，鬧起來雞飛狗跳的麻煩女人。
- 該醉時偏不醉的女人是冷靜的女人。這種女人性格堅強。孤芳自賞，而且觀察力敏銳，能洞悉男人的心靈。
- 只有失意時才喝酒的女人是脆弱的女人，這種女人很容易受傷。既拿不起，也很難放得下，喜歡自找麻煩。
- 在得意時猛喝酒的女人屬於外冷內熱型，這種女人個性及情感一如沉默火山，不發則已，一發驚人。
- 女人飲酒是風景，手中持著一支高腳杯，淺斟慢飲，金黃的陽光或燈光射過來，慢慢的晃動，就像那麗人眸子裡的一波醉意。

☆ 完美女人

- 完美的女人，多為職業女性。她們意識到是職業帶來的經濟自主成全了獨立的自我。

第四章　愛與美神阿芙蘿黛蒂

沒有獨立經濟保障的自我是脆弱的。完美的女人憑藉著職業的經濟支撐，讓自己活得清醒、滋潤與豐富。

- 完美女人把美麗看作是靈魂愉悅的必經要道。她了解自己，也了解環境的需要。漂亮，至少是不粗俗的裝扮與修飾，對自己是快樂，對別人則是尊重。
- 完美的女人把美麗當作人生的一種格調，而工作卻是人生的主體，因為完美的女人認為認真工作是美麗的。她把工作中一切壓力，體認為一種存在的美感，於是工作的辛苦與勞累就轉化為一種享受。
- 完美女人知道知性的可貴，但卻更願意為感性留下大片空間。而這正是生存中不可或缺的浪漫因素的起點。完美的女人深知得體的方法是取得成功的保證。在競爭激烈的年代，蠻幹抵不過巧幹，只要擁有高明的生存智慧，再棘手的困難也勢必有一個破解的竅門。這是生活閱歷在一顆有涵養的心上所結出的果子過程可能是苦的，果子卻是甜的。
- 完美的女人的生活如盛宴，她懂得怎樣去調配佳餚、調節燈光、營造氣氛；她懂得怎樣將物質消費變成一種徹底的精神享受；她懂得怎樣將生存的苦澀與平淡調理為甘美與意味深長。
- 完美的女人具有時代的敏感度，具有接納新鮮事物的能力，她不會盲目追逐但也不刻意拒絕潮流的變遷。她活得自信、積極而樂觀，因為她總能在時代的斗轉星移中找到

自己的落腳點。她們在辦公室裡忙碌的身影，爽朗而明媚。

- 工作不是家居生活的死敵，出色的女人懂得事業與家庭的平衡之術。她會最大限度的倚借現代化家電設備，精簡做家務的時間，而把心思用在家庭情趣上面，出色的女人是新時代的摩登主婦。
- 生活在一個文化多元共生的時代，完美的女人保留了個人的價值判斷，她有容人之量，她理解不同的人對生存的不同選擇，尊重不同生存方式背後的個人意志。

☆ **從容的女人**

- 世界因為有了女人而美麗，而在美麗女人當中從容的女人最為美麗。
- 從容女人的迷人來自於秀外慧中的外表與內涵。她們大多經過愛情的洗禮，家庭的薰陶，形成了自己特有的風格。
- 從容的女人總是善待別人、善待生命。在丈夫面前她們溫柔賢慧，在公婆面前她們體貼溫和，在子女面前她們母愛濃濃。
- 從容女人的美麗蘊含著深度風韻，而不僅僅只流露於表象。她們的心在都市的喧囂中，泰然的守護著寧靜，她們的氣質和風度中自有一種超凡脫俗的洗練。
- 從容的女人總是微笑著面對困難、面對環境。她們不計較日常瑣事，不為生活的壓力而焦慮，不為兒女情長的善變而煩惱憂鬱。
- 從容的女人總能尋求到生活的樂趣，總能發現美麗的事物。

・哪怕身心一次次受傷、哪怕生活一次次受挫，從容的女人依舊會更加寬容，更加感恩，更加呈現出歷盡滄桑卻依然隨遇而安的美麗。

如何對付情敵

女人的個性，在關鍵時候更能得到展現，面對情敵也許是每個女人都會經歷的情景，巧妙應對，不但能夠戰勝對手，更能讓妳在個性上勝人一籌。

往往妳花費了大量心血培養，讓一個平凡的男人漸漸走上社會的正軌，就在這種時候，卻來了個女人想收獲妳的果實。面對這種情況，妳應該怎麼辦？這裡給女人提供幾個對付情敵的方法。

☆ 願意捨棄，反而取得更多

情場上的勝利者，通常不是那些什麼都要的女人，而是那些肯捨棄某些東西的女人。而男人往往是這樣：妳越表現得離不開他，他反而會自我感覺良好，忘了妳以往對他的感情而另尋新歡。

女人率先了斷一段腐爛的關係，她將得到最大的尊嚴。貪婪的謀取，到頭來只會失去。

如果妳敢於捨棄，首先向他展示了妳並不是依附於他；其次，當他面對第三者的時

候，妳主動讓路。在某些時候，也能讓男人醒悟——不過這個時機點巧妙把握，不要任何情況都給第三者讓路。

另外，即使感情發生糾纏，也一定要控制在妳和男人之間，不要和第三者對面談判。這就涉及到第二個原則。

☆永遠不要主動和情敵聯繫

如果妳忍耐不住，去找第三者的話，這就說明了妳沉不住氣。解決個人感情問題需要極大的技巧，最糟糕的情況就是妳對自己失去控制。主動去找情敵，這在任何時候都是示弱的表現，妳的示弱肯定會給情敵帶來極大的自信和勇氣。

有一個真實的例子。女方的第三者實際上是她男朋友原來的女友，那個女友因為失戀，又來找她的男人。

實際上，這件事情其實也平常，而且男人基本上也不喜歡原來的女友，不過，男人的憐憫以及自尊讓他不能不理睬她。

這個女人開始還和男友吵鬧，不過這樣的吵鬧反而弄得女方自己像是一個破壞別人感情的劊子手。而最失策的辦法就是主動去找情敵談判。看完下面的對話，妳就會發現，這種主動出擊的壞處了。

「妳好，我知道那天的電話是妳打的，出於對妳的尊重，我沒有指責妳，沒想到妳還打到他辦公室去，我不明白分手了繼續保持聯繫還有什麼意義？有時候妳應該考慮一下別人的感受。」

「這是我的自由，希望妳自信一點！」

「這是妳的自由，我當然沒有權利阻止，我只是不希望自己平靜的生活受到別人的打擾。」

「是妳的別人終究拿不走。」

「這個我知道。妳這樣做讓我覺得妳是一個自私的人。他說除了妳自己打電話過來他從不聯絡妳……」

「妳除了說這些，還有別的嗎？如果沒有，我沒時間和妳多聊了。」

請看，這是不是一種自取其辱？不主動和情敵聯繫，也包含了自己對自己的自信，以及對自己男人的信任，妳慌慌張張去找情敵，實在是很失策的事情。

測驗：妳的情商有多少？

情商的多少決定自己對別人的接納程度，其主要內容是處理人與人之間的關係，妳是否能處理好人際關係呢？做做下面的測試便會知曉。

A幾乎都是；B通常是；C百分之五十是；D偶爾是；E難得是。

測試題

一、特別容易受某種影響所左右。
二、我只對認識的東西表示出喜歡。
三、近年來人們的道德水準相當低落。
四、大多數人總是非常自滿，從來不真正面對自己的缺點。
五、我可以和大多數類型的人相處得很愉快。
六、近來，人人都在談論像電視、電影之類愚不可及的事情。
七、成功是因為被「提拔」的，而不是因為他們所知道的。
八、一旦妳幫助別人，別人卻只會得寸進尺。
九、人們都太以自我為中心了。
十、人們總是不滿足而愛尋找新奇之事。
十一、面對著諸多的競爭不知自己的路在何方。
十二、如果要做重要而有價值的事，妳就可能會傷害別人。
十三、希望有一個聰明而果斷的人作領導。

十四、我最快樂的時候，大部分是當我遠離人群獨處的時候。

十五、我希望人們能更真誠的待我。

十六、我喜歡和許多人在一起。

十七、在我的經驗中，人們非常頑固而不理智。

十八、我能夠與價值觀與我相反的人相處融洽。

十九、每一個人都試著做好人。

二十、一般人都不太滿意自己。

評分方法

第二、五、十六、十八、十九題選A得五分，選B得四分，選C得三分，選D得四分，選E得一分，分；其餘各題選A得一分，分，選B得二分，分，選C得三分，選D得四分，選E得五分。

將各題得分相加即可得總分。

結果論述

假如妳的得分在〇到六十六之間，那妳應該屬於無法忍受別人的人，也許是妳曾經受

過傷害，或是可能妳的親人或朋友做了一些對不起妳的事，從而使妳不再相信任何人。但是無法接納別人會造成空洞的生活，因此妳需要自我檢查。

如果妳的得分在六十六到八十四分之間，這屬於中等得分的範圍，妳的生活可能混合了對別人的提防和接納。如果妳曾受到過傷害，便可能導致妳對某種類型的人採取小心提防的做法。但儘管小心，妳仍可能有親近的朋友，以及對親密友情的渴望。妳只是比高分者更挑剔、苛求而已。

如果妳的得分在八十五到一百之間，屬於高得分者，那妳是非常快樂的人。妳通常可以接納別人，也感覺到被別人所接納，而且傾向於被別人所接納。自我接納和接納別人的人，也就是典型的適應良好的人，但不見得這類人就非常討人喜歡並且有人緣。或許普通人不太容易認同情緒、心理健全的模範型人物，這種人也不見得會表現出「需要」友情。毫無疑問，不論這樣預測是否屬實，妳的自信心和來自有意義的友情的支持會幫助妳度過任何難關。

測試：妳屬於哪種類型的女人？

社會學家發現：世界上的人雖然很多，但是如果按照性格分類的話，其實並沒有多少種人。各種性格的人在為人處世上往往並不相同。想要了解自己的性格嗎？從下面的日常

生活情景中妳就能分析出妳屬於什麼樣的性格。

一、某天，妳接到一個推銷電話，向妳推銷某種商品，妳拒絕了她，結束了對話，然後，妳會如何思考這件事情：

A、我不喜歡這種商品，而且也沒有什麼用處，但是下次接到這種電話的時候，我應該禮貌一些，拒絕人不能那麼直接。這也是我鍛鍊自己的時刻。而且如果他們足夠禮貌，也許我還會買一些他們的商品呢。

B、真討厭，這種電話煩死人了。如果我有時間，我還會和他們多磨蹭一會，然後一點都不買，氣死他們。

C、這種推銷電話真討厭，根本不認識的人，竟然打電話來推銷，一點禮貌都沒有，這種人就不應該得到尊重，下次再打來，我可不能這麼好脾氣的就掛了電話。

D、無聊的電話，可是我處理得很好，對自己不想要的東西，誠實、直接的回答永遠是正確的。

二、妳和朋友約定在一家咖啡廳見面，可是離約定的時間都過了一個多小時，她才姍姍而來。妳很不高興，告訴她妳的感受，並說實際上妳很想多點時間和她在一起。在聽了妳的訴說之後，妳的朋友向妳保證，以後再也不遲到。對於這件事情，妳如何思考？

A、也許她真是太忙了，我這樣抱怨，是不是很不淑女，而且也沒有考慮她的感受；而且，在公共場合這樣咄咄逼人，自己也很難為情，可是今天我實在是等得生氣了。以後可不能這樣發火了，畢竟，她是我的好朋友啊。

B、這個朋友，這樣不尊重我的時間，我推掉了男朋友的約會來找妳，妳竟然讓我等了一個多小時，真不應該這樣簡單就放過她！

C、也許今天只是她一時事情繁忙，向朋友抱怨可不是我的風格，今天的事情雖然糟糕，但我不應該這樣抱怨，應該在下次約會，也遲到一個小時，讓她也體驗一下等人的滋味。

D、遲到真是討厭，不過我的表現還不錯，這樣，她下次就不會遲到了。

三、老闆不在，由妳暫時負責公司的事務，可是妳太年輕，很多年齡比妳大的人不太服從妳。一天，當妳讓他們做事的時候，他們找了種種藉口，最後，妳板起臉來再次命令，他們服從了。事後，妳如何反思這件事情：

A、很高興他們還是聽從了我的命令，不過我的語氣是不是有些過火呢？畢竟他們都比我年長，而我也不想做一個指手畫腳的人。以後再也不這樣命令別人了。

B、我是不是太好脾氣了。否則他們就不敢不聽我的話，老闆在的時候，什麼事情只

要說一聲，他們都會做得很好。下次有事情，我只說一次，如果他們不做，那就等老闆回來處理他們吧，看看是誰受不了。哼！

C、我真是太好說話了！因為年齡小就敢輕視我嗎！我一定要讓他們知道我的厲害，下次再敢不聽我的，我就要他好看！

D、今天的事情值得高興，這些一向目中無人的傢伙最後還是乖乖聽我的命令了。

測試結果：

如果答案類似於A，那麼妳的性格屬於消極的，遇到事情比較傾向於逆來順受。建議：遇到事情不要退縮，要敢於面對。

答案類似於B，妳的性格陰柔，心思細膩並且善於運用小謀略，在生活中妳不會吃虧。建議：看問題要注重長遠，不要因小失大。

答案類似於C，妳的性格比較張揚，屬於外向型性格，別人常常將妳當作男人對待，妳可能有不少男性朋友，但他們都不是妳的男朋友。

建議：遇到事情要大事化小，切忌將一件小事大肆宣揚。注意打扮不要男性化或者中性化。

答案類似於D，妳的性格簡單而直爽，很招人喜歡，希望妳保持自己良好的心態。

第五章　爐灶女神赫斯提亞

女神故事

赫斯提亞是宙斯的姐姐，掌管萬民的家事。在希臘神話中，並沒有顯著的個性。

赫斯提亞是克洛諾斯和雷亞的女兒，宙斯和希拉的妹妹。阿波羅和波塞頓都曾想她求婚，但她發誓終身不嫁，以保持少女的貞潔。

宙斯考慮到她要有個棲身之地，就答應讓每個家庭都給她一個席位。她悄悄的離開奧林匹斯山，保護每個有爐灶的家庭。她不僅是爐灶女神，也是家神。火焰象徵她的存在、又是家庭永續、穩定和睦與繁榮的保證。

在古代，祭壇上的火由先人點燃，他們的後代有義務讓燭火繼續點燃下去，因為燭火的熄滅意味著人種的滅絕。每個家庭都有自己的爐灶，每個城鎮都有自己的祭壇。祭壇上的火象徵著這城鎮的生命，每當一個城鎮的人到新的地方建立殖民地，聖火也就伴隨著這些勇敢的移民傳承到別的地方去。

在羅馬神話中，關於家庭女神赫斯提亞的事情並不多，她為了能更好的保護少女們的純潔和幸福，終身不嫁，不分日夜不辭勞苦的為了每一個少女而徹夜不眠，文獻記載中，這位女神是無休息的。為了他人，完全奉獻了自己永恆的生命。

女神分析

與世無爭，在做家務的過程中充實了自己

女神赫斯提亞不求引人注目，不求物質享受，用無條件的愛贏得朋友和伴侶的心。可以說，爐灶女神赫斯提亞對朋友的愛是無私的，對生活的需求也是極低的，也沒有任何的功利心理。

在現代社會中，每個人當然都希望與這樣品性的人為友，但對生活在現實生活中的「現代赫斯提亞」來講，適當的物質需求還是應當追求的，而一定的榮譽的獲得也是自我價值得以實現的一種表現方式。

至於交友方面，對朋友好的態度是正確的，但也應考慮交際的對象值不值得我們這樣去做，畢竟，這個社會要求我們必須學會智慧的生存。

與外出相比更喜歡待在家裡

基於她的這種性格，宙斯考慮到她需要有個棲身之地，就答應讓每個家庭都給她一個席位。因為她認為待在家裡比到世界上任何一個地方都感到安全和舒適。

在現代社會中，如果我們每位女性片面的擁有爐灶女神赫斯提亞安逸、平和的一面，卻缺少一定的、必要的社交能力是無法生存的。

更多的為他人著想，照顧他人

她為了更好的保護少女們的純潔和幸福，終身不嫁，不分日夜，不辭勞苦。為了每一個少女而徹夜不眠，文獻記載中，這位女神是無休息的。為了他人，完全奉獻了自己永恆的生命。

這樣的性格更多的體現在純粹的家庭主婦身上，她們有足夠多的時間和精力付出愛心和行動。但對於現代女性來講，是否如此定位這樣的生活角色，還應理智的進行思考。

女神修練

靜心讓女人回歸家庭生活

事實上，似乎很多人認為工作讓女人不像女人，工作壓力讓她們情緒暴躁、皮膚長斑、失眠，讓她們不再美麗，更談不上什麼溫柔，人們將這些歸咎為男女競爭的必然產物，所以退出競爭，靜下心來回歸家庭，做個細膩溫婉的居家女人，過所想要的生活，過

完整的家庭生活，做「全職媽媽」，也是一個不錯的選擇。

近年來越來越多的女性願意走回家庭，做起「全職媽媽」，其中還不乏一些受過高等教育的新女性淡出職場，回歸家庭。

女性行為有其特殊價值，她們有著更多的對人關心和尊重、與人為善的態度，善於透過談話溝通化解矛盾和對立，營造輕鬆的家庭式氣氛；她們愛護生命和自然、對自然和環境具有本能的更為親近的態度，因而是宣導綠色生活方式的積極力量；她們的非智力因素和情商同樣表現在生活和工作中；而且她們更為重視的彈性工作時間和在家裡上班，將成為這種變革的動力來源……

女性的感情豐沛、溫柔細膩，更有利於她們在家庭中扮演「多重角色」，為每個成員構建一個溫馨的精神家園。現代人在對名利的追逐疲憊之時，轉而對身體、健康日益重視，這時，女性在家庭中適時扮演了「家庭護士」、「心理醫生」、「營養師」的角色，為家人的身心健康保駕護航；面對外界的「色情」、「賭博」、「毒品」等洪水猛獸般的向家庭這塊聖地肆虐而來，眾多的女性拿起法律武器，動之以情、曉之以理，把誤入歧途的家庭成員拉出深深的沼澤地；當被金錢、美色沖昏了頭腦的達官貴人正準備伸出「貪汙受賄」的黑手時，「廉內助」們紛紛深懷大義、自鳴警鐘、高築圍牆，當好「監督員」、「守門員」，挽救了一個個瀕臨墮落的靈魂……女性以真善美的心靈，美化著家居環境，提升著家庭的文化品位，淨化著家庭乃至社會的空氣。在對家庭和諧幸福的執著追求中，女性也在不斷的提高自身的素質和修養，完成一次次由蛹化蝶的蛻變。

夫妻關係和建立在血緣關係上的親情是人們最密切的感情、最核心的關係。在這樣一個急功近利、物欲膨脹的社會中，那種意氣相投、無怨無悔，「夫妻若是恩愛吃苦也是甜的」的感情，真的成為一種天仙般的境界；那種知書達理、敦厚賢淑的女德，也成為一份無價的瑰寶。

現代女性在促進家庭和諧中將扮演更積極的角色，女性不再以男人為天，她在家庭中是「半邊天」，她們是丈夫的知己、情人和伴侶，與丈夫靈肉相契、齊頭並進；是子女的導師、朋友和玩伴，與子女遊戲學習、共同成長。

我們相信這樣一句話：好女人是一所學校。素質、修養較高的女性才更有能力成為家庭文化的引導者，以其女性獨有的智慧、澄澈的心靈和對美與藝術特殊的感悟帶領家人澆灌出家庭的文化綠洲、滋養出愛與美的精神家園。

家庭是生活的港灣，是幸福的發源地，是社會的細胞。家庭是女人一生的職業。靜心做「好妻子」、「好母親」、「好兒媳婦」，做好「家」字文章，善於引領家庭走向和諧幸福的擁有現代女性的心智與才情的女人是好女人，同時也應該是位成功的女人。

在家做健身操

☆ 起床兩分鐘健身操

把枕頭墊在背後，兩手向後伸直並伸展身體；做仰臥起坐三次；把枕頭墊在背後，收腹使腳尖越過頭部和床面接觸；手抱頭，兩膝彎曲併攏，輪流倒向左右側，並使膝蓋接觸到床面，但兩手不動仍緊貼床面。

穿衣服時，兩手在背後相握，伸直手的同時挺胸；上半身自然下垂，兩手左右擺，同時腰部向左右扭轉；兩手抱頭將頭部下壓，同時吐氣，抬頭時吸氣。

穿好褲子做快速深蹲，兩腳張開，與肩同寬，下蹲和起立時挺胸直腰，兩手平舉，兩腿均勻用力，蹲要蹲到底，起要起得快。開始時輕跳幾次，然後可換為原地連續輕跳，這樣，既增強了腿部力量，同時還鍛鍊了心臟，提高心肺功能。

起床後做十次伏地挺身，一百次原地踏步高抬腿。甚至可以貼牆做倒立，這樣既可增強上肢力量，還能促進血液循環。

☆ 陽台十分鐘健身晨練法

早晨起床後，洗漱完畢，大腦清醒了，可以身著睡衣與拖鞋，面向南方，略帶微笑，雙足與肩等寬站立，上身放鬆，下身部分微微下蹲，雙目遠眺。

頭部活動：以頭作筆尖，用意念調動頭部寫兩個字「長壽」。這兩個字可寫兩遍，然後令頭部圍繞這兩個字作圓，先順時針方向畫二圈，再反方向畫二圈，以上動作要緩慢些，不求急躁，但求穩妥．時間約兩分鐘。

擴胸活動。姿勢站立不變，兩腿稍屈，兩臂經胸前向前平舉（合掌指尖向前），低頭含胸。再兩腿伸直，兩臂向後擺至側平舉（掌心向後），抬頭挺胸。兩腿屈伸一次，兩臂胸前平屈並後振一次（手心向下），再收回，時間約一分鐘，動作注意要慢，擴胸時不要太猛烈，力量要適中。

交叉擺掌。站立姿勢不變，兩手下垂，兩掌交叉，掌心向腹部，然後兩臂向外側張開，張開幅度各人以自己適宜為度，速度不求快，張開手臂之後，隨即收臂，使兩手掌恢復成交叉．時間約一分鐘。

雙掌畫圓。兩掌心相對約十公分，保持這個距離，兩掌高低與腰帶持平，相當於中醫說的「帶脈」高度，兩掌心保持距離不變。然後以上臂帶動手臂做畫圓運動。先將身體略

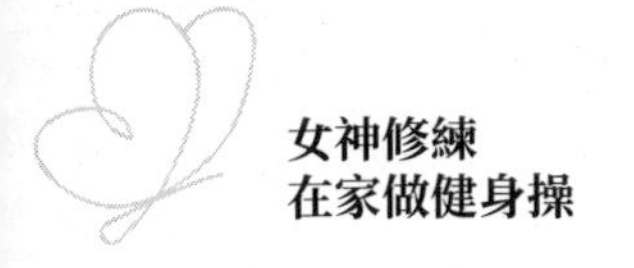

傾向左側畫圓，順時針劃二十圈，逆時針劃二十圈，再讓身體恢復到面朝南方，順、逆方向各畫圓二十圈，然後身體向左側轉動後，繼續如上述，順逆方向各畫圓二十圈，這樣一來，總共畫圓一百二十圈，時間約三分鐘左右。

弓步擴胸法。一腳在前，一腳在後，成弓步狀站立姿勢，然後兩臂平伸開來，手掌微握空心拳，接著做兩臂伸開合攏的擴胸運動，動作要慢，使胸部擴張，肺活量增大吸氧量增多，同時兩腳踝部及下肢配合上肢的開合做兩腳一前一後的屈伸運動，使上下肢及踝部得到鍛鍊。做完後，兩隻腳調換一下再進行一次擴胸活動。以上共兩分鐘左右。

放鬆及按摩並結束。時間約一分鐘。方法是將雙手搓熱，在身體上下前後，尤其是足三里穴（位於小腿前外側，外膝眼下3寸大約四指寬的位置）及湧泉穴（位於腳底板人字狀紋路的交叉點，五趾用力彎出，中央凹陷處）重點按揉一番，另外腰部也揉按一會兒·時間約一分鐘。

☆家庭主婦的福音——家務健身操

整理床鋪彎腰動作，收緊臀部，鍛鍊大腿和臀部。

手洗衣服時雙臂一伸一縮，牽動胸肌，能鍛鍊手臂、運動胸肌。

打掃地面時站在一處，掃帚盡量伸向遠處，大幅度轉動腰，有利於鍛鍊手臂和瘦腰。

擦窗戶時動作要大，這樣可以運動到雙臂、胸部和腰部。撣灰塵時以腳尖站立，伸手往高處撣，鍛鍊小腿。同時，彎腰及伸手撣低處，以鍛鍊腰部和上下肢。

收拾雜物時以腳尖站立，盡量向高處取放東西。彎腰向下時·要保持腰部挺直，可增強腰部、大腿和小腿的力量。

營造幸福的家庭氛圍

家庭生活愉快，可增進全家人的身心健康，延年益壽。但是，想要使家庭生活經常處於和諧、愉快之中，並非是一件容易做到的事情，這需要全體家庭成員的一致努力。保持家庭愉快的九要素：

☆家庭主要成員應該性格開朗、心胸寬闊，不計較得失，不僅在公司心情愉快，回到家裡也總是笑口常開，這將對全家人的情緒起到良好的感染作用，有助於實現家庭氣氛輕鬆、愉快、和諧。

☆家庭氣氛要民主、輕鬆、活潑，成員之間有事互相商量，生活上互相關心、體諒，而不是互相責怪或挑剔。

☆家庭成員愛好廣泛，志趣高雅，業餘生活豐富多彩，會使家庭氣氛活躍，美滿幸福。

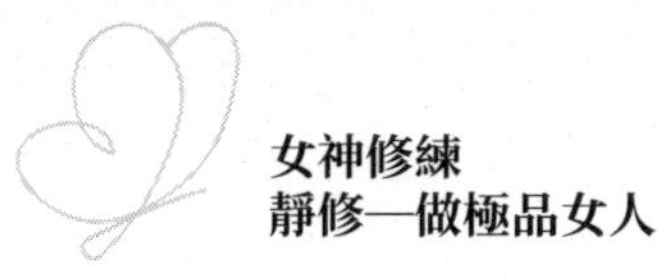

☆家庭成員無不良嗜好，吏無口出穢言不講禮貌之人，而是人人懂禮貌，勤於清掃家庭環境衛生。

☆家庭成員生活有規律，起居有時，飲食有節。

☆用餐時注意精神衛生，不在餐桌上談論令人不快的事，更不要在餐桌上教訓或拷問孩子，使全家人在輕鬆、愉快的氣氛中進餐。

☆對子女要求嚴格，不隨意體罰孩子。父母要以身作則、諄諄教誨，絕不溺愛子女。

☆家庭勞務要合理分配，不集中在少數人身上，而是人人動手，各盡所長，有計劃，有分工，全家人通力協作。

☆星期天生活要盡量過得豐富多彩，走出小家庭，到大自然中去，這會給全體成員帶來快樂。

靜修——做極品女人

靜修能改變生活，能迅速使身體放鬆，降低血壓，減緩心跳，增加氧氣循環，減少肌肉緊張，增強免疫力，鎮定大腦。

偉大的哲人、瑜伽之父帕坦加利寫道：「靜修是心靈波濤的沉寂。」靜心思考得越多，悟性就越強，就更加充實，靈性也就應運而生。妳的生活會變得更好，妳的感受也會更豐

富。靜修很簡單，只需換上寬鬆的服裝，脫掉鞋子，在家中找個安靜的角落即可進行。每次應盡量在同一地方練習，這樣有助於積蓄寧靜的力量，使內省更容易進行。可以燃一炷香或點一枝蠟燭。香能創造一種感官記憶，有助於把人拉向內心世界。

按傳統，靜修應坐在專用的墊子上，以利於保持能量。

靜修過程如下：

☆盤腿坐在墊子上，如感覺身體難受，也可雙腳平放地面端坐在椅子上。

☆挺直腰板，閉上雙眼。

☆雙手拇指與食指併攏，置於雙膝或雙腿上。

☆透過鼻腔做三次深呼吸，讓丹田運足氣，再透過鼻腔緩慢呼出。

☆伴隨每次呼吸，沿脊椎從下至上集中注意力，直達大腦。

☆透過鼻腔均勻呼吸，體驗一下自己的呼吸動作。

☆注意感覺空氣進入妳的身體，感覺它進入什麼部位，從哪裡呼出。

☆注意每次呼吸之間的間隔，集中注意力。

☆若受雜念干擾，應輕柔的把心思拉回到呼吸上來，從頭再開始，吸氣再呼氣。

記住，妳要對自己的心靈溫柔有加。心靈總想做它做得最好的事，那就是思考。靜修時妳也許會發覺自己在擔心該付的帳單，或和誰的一次談話，甚至在清點該洗的衣物，別喪氣，這很正常。意識到自己胡思亂想，沒有專心靜修時，不要睜開眼睛，只需輕輕的把注意力拉回到呼吸上來，一吸一呼，從頭再來。

終於，身體明白了妳在做什麼，靜修就變得輕鬆起來。記住，對自己溫柔一點、耐心一點，就不會出現糟糕的靜修。

即使每次只能靜修幾分鐘，對妳也有好處。等妳習慣了經常靜修，就可以慢慢拉長每次靜修的時間。

寂靜的清晨——早上四點到六點是靜修的最佳時間。也有的人喜歡在晚上就寢前靜修，因人而異，自己決定最佳時間。

記住，靜修能使妳非常放鬆，因此如果就寢前練習，可別把睡覺和靜修混在一起，練著練著睡著了。

若還沒準備好靜修，那就每天留點時間思考，回顧過去的一天或是思考自己在世上的位置。

只要花時間反省生活中發生的一切，我們就能增進對自己的認識，就能意識到自己為人處世的方式和傾向，就能悟出為什麼有些人會進入我們的生活，我們應該從他們身上學些什麼。最有意義的是，我們就能把思想情緒從行為中分離出來，真正弄清楚是什麼東西

在左右我們。

思考提醒我們，世間的一切都不會無緣無故的發生，行為會帶來種種後果，行為總是受制於思想。每一種行為，都潛在著積極的一面，就看我們能否認識並盡力發揮積極性。

加強自身知識與思想的修養

☆經常畫圖或製作模型

我們不要求每個人都畢業於美術院校或是設計學系，只要有寶寶塗鴉的水準和意願即可。我們常常忘記最簡單最古老的表達方式，就像先人在陶罐上、岩石上隨興塗畫，畫一些簡單的漫畫、圖示，描繪某人某物的外貌形態，這種做法寓意更豐富更直接，像圖騰或護身符一樣瞬間擊中心靈。

☆打開好奇心

許多人對自己不了解的領域，總是不由自主的關閉心門，或者用偏見解釋。面對異族生活的文化、智慧、不熟悉的行業、技藝，妳會怎麼反應？妳會盡力熟悉它，還是扭頭便跑？妳是否願意嘗試在妳和不熟悉的事物間搭起一座橋？如果妳對某事充滿好奇，請妳標上一顆彩色的心，否則，就標上一顆黑色的心。

☆ 別扮演保守者的角色

生活中保守的人太多，他們小心翼翼的生活著，墨守成規，日復一日無原則的重複著自己，保守者應該找一些劇本，大聲朗讀其中保守者的台詞。或者在妳拿不定主意之前，在紙上寫下相反的觀點，並扮演天才和保守者。例如：

要耐心，永遠也不要害怕。

要謹慎，一定要小心行事。

要靈活，按需要改變方向。

要穩定，不可輕易變卦。

敢冒大風險才可能大贏。

不要怕失敗。

☆ 嘗試另一種生活

找一本自己喜歡的書或劇本，試著扮演其中自己喜歡的角色，也可以找一篇訪談，試著當一次記者，在記者漏寫的地方，妳試著進行描述。妳還可以去動物園，體會動物的生活。

☆ **欣賞思想豐富的漫畫**

漫畫具有看透事物的能力。好的漫畫具有天才的思考，把漫畫上的情節與家庭、人際關係、習慣、工作、環境等聯繫起來，從中感知新的意義和智慧的思維，能夠看出毫無聯繫的事物之間的意義，而且這種意義聯想的事物越廣越深，說明妳越善於思考，妳距離成為有深度的女性的目標也就越近了。

☆ **隨身帶一個筆記本**

有深度的女性懂得在零碎時間學習。帶上一個小小的筆記本，外出、參觀、旅行、購物和閒逛時，不管妳看到的有趣的東西是否能立即派上用場，也要迅速的描述下來！

☆ **穿越人生的灰色地帶**

很多女性成功者之所以成功，原因就在於當她們事業處於灰色地帶時，她們有著正確的態度並採取了相應措施，也就是說，她們成功的穿越了人生的灰色地帶。

可悲的是，許多人在成功後往往丟失了灰色的記憶，只能模糊的說，我就是這樣過來的。事實上，妳的正確態度，會讓妳的灰色地帶充滿希望。

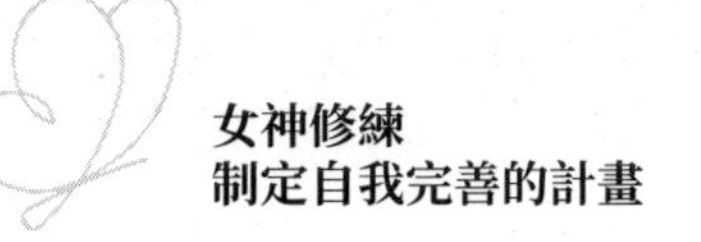

制定自我完善的計畫

良好的修養要靠不斷的學習和生活累積。制定切實可行的自我完善計劃可縮短這一個過程。給自己制定一個月的自我完善的計畫，並遵照執行，一個月一個月的實施與堅持，努力的盡快提高修養。主要需要制定的計劃有：

☆需要改掉的習慣

- 不按時完成各種事情。
- 消極性的詞句。
- 每天看電視超過六十分鐘。
- 無意義的閒聊。

☆需要養成的習慣

- 每天早上出門以前檢查自己的儀表。
- 每一天的工作都在前一天晚上就計劃好。
- 任何場合盡量讚美別人。

☆需要增加的工作效率

- 盡量發掘部屬的工作潛力。

- 進一步學習公司的業務。如公司的業務有哪些？顧客又有哪些人？
- 提出三項改善公司業務的建議。

☆需要增進家庭的和諧

- 對丈夫為自己做的小事表示更大的謝意，不可像往常一樣認為理所當然。
- 每週一次帶家人做些特殊的活動。
- 每週固定撥出一小時跟家人快樂相處。

☆需要修養的個性

- 每週花兩小時閱讀本行的專業雜誌。
- 閱讀一本勵志書籍。
- 結交四個新朋友。
- 每天靜靜思考三十分鐘。

女神提示

靜心修練四要點

☆ 充滿自信

在這個處處充滿競爭的社會，那種自怨自艾、柔弱無助的女人已日漸失去市場。女人要充滿自信，學會自我拯救和自我完善永遠是最重要的。渴望男人賜予妳幸福永遠是被動而不安全的。

☆ 善意與豁達

聰明樂觀的女人往往能嘗試著讓自己的心靈變得豁達起來，讓愛在一種平淡中走向堅固和永恆。

我們不要一開始就把自己擺在一個乞求感情的地位上。悲劇的根源往往就在這裡：連對自己都不自信，別人怎麼看重妳？

男人往往就是這樣：妳過於看重他，也就是昭示他可以輕而易舉的主宰妳的感情和幸福了！在這一點上妳首先就輸了。因為，感情是最在乎尊重和平等的……不用說，有這種見地和胸懷的女人，男人自然會感到她的可愛了。因為男人愛上一個女人的同時，並不希

望在愛的約束下喪失屬於自己的世界。男人在乎愛情的默契、寬容和理解。因為這種愛不致於阻止男人釋放身心的闖蕩人生。畢竟，在男人的眼裡愛情並不能代表人生的全部。

☆做事有主見

心理學家分析認為，女人往往感情勝過理智，對待友情、事業、婚姻亦如是，這是阻礙女人發展的致命弱點。

☆自我欣賞

自我欣賞絕不是自戀，它是由理智、客觀的對自己的認識所引發出來的自信。而這種自信心會使女人在為人處事上從容、大度，不陷入世俗的漩渦中。能自我欣賞的女人，大多非常聰慧，她們既不會盲目自卑，更不會盲目自大。

懂得自我欣賞的女人光彩照人、落落大方，但燦爛的笑容裡仍有一股凜然高貴的氣息，讓人仰慕的同時又有些敬畏。

盡量不要做純粹的家庭主婦

現代社會，一個稱職的妻子絕對不能只是一個家庭主婦。要知道，家庭主婦隨時可以被替代，而妻子則不同。滿足於做家庭主婦，不但是對妻子職責的不負責，也是對家庭幸

福的放任。

一個美滿的家庭，就是要讓妻子、丈夫的角色都出色的發揮，讓彼此都能從對方那裡得到滿足，不僅是身體，更是靈魂上的交流。

滿足於做家庭主婦，實在是敷衍了妻子的責任。尤其是在現代，生活在都市的人充滿了孤獨感，對於內心的交流極度的渴望。

而家庭主婦只是一種物質上的保障，男人可以在任何地方得到這種供應。

知識女性最怕在婚後或者有了孩子之後做了家庭主婦。她們和傳統的家庭主婦不一樣，傳統的家庭主婦因為認識到自己只能做丈夫的賢內助，很自然的一切以丈夫為中心；現代的知識女性則不同，她們有能力自己獨立生活，一旦成為全職太太，就很難適應了。

首先，她們不適應家庭主婦的身分，心裡總有一種不甘，這種壓抑的心理長期發展，會讓人的心理很不健康。

另外，知識女性從人格上就認為自己和丈夫是平等的，不像傳統婦女那樣依賴丈夫，而丈夫則很自然按照傳統家庭主婦的標準來要求妻子，兩個人的矛盾就會很明顯。

另外，知識女性在學識上很難讓自己落後於時代，真的做了家庭主婦之後，在很多方面就會顯得孤陋寡聞，這才是最讓女人受不了的地方。

因此說，現代女人千萬不能做家庭主婦，女人一個人待在家裡難免會胡思亂想，所以，女人工作能賺多少錢並不重要，重要的是妳認識了一些朋友，長了見識，能與老公一起成長。

實際上，歸根究底，這仍是一個心態問題。純粹的家庭主婦，很難讓現代女人保持良好的心態。

婚後更應保持苗條身材

女人婚後最容易犯的錯誤就是以為婚後就是長征的最後一步。從此不再注重減肥、美容，而將全部身心投入到建立家庭中。而這樣實際上是對婚姻的不負責，更是對自己的不負責。女人永遠要記住：任何時候，保持自己的魅力永遠是第一位。

女人保持魅力的一個重要因素就是防止發胖，再美的美人如果渾身都是肥肉，估計魅力也會有限。

女人婚後最容易犯的錯誤就是不經意間變成了肥婆。很多家庭主婦也感到，婚後更容易肥胖。家庭主婦若想防胖減肥，除了一日三餐定時定量，不吃宵夜以及零食，控制進食速度外，還應注意以下幾點：

☆ **時刻保持樂觀的心態**

女人婚後遇到的麻煩事情增多了，不少女人對抗煩惱的辦法就是吃東西。和丈夫吵架的時候吃，工作上有挫折的時候吃，感情出現危機的時候更是吃，直接的結果，就是體重大增，過去的衣服都不能穿了。

☆ **切忌空腹去購物**

應該吃飯後去購物，因為餓著肚子去，難保不會買些吃的東西充飢，從而使自己攝入過多的食物。這可以算是未雨綢繆，防止自己多吃。要知道面對美食，沒有幾個人能夠抵抗誘惑的。

☆ **烹調時盡量少嘗菜**

有的主婦因掌握不住自己煮菜的味道而一再品嚐，這樣一來，餐前吃了，進餐時再吃，難免過量攝入。

☆ **不要怕浪費而吃剩下的飯菜**

女人成家後，尤其是有了孩子後，往往都開始當家做主，也知道了柴米油鹽並不是容易的事情，所以總覺得剩下的牛奶、麵包、水果、飯菜等扔掉實在可惜，乾脆「吃掉的好」。這樣的結果倒是沒有浪費了，不過卻增加了自己的進食量，容易營養過剩，又因為沒

有時間運動，結果脂肪都在肚子上堆積起來了。

☆絕對不能忽略鍛鍊

婚後的女人雖然事情繁忙，但是仍然要堅持適當的體育鍛鍊，以促進身體新陳代謝，消耗體內多餘脂肪，從而達到強身健體和防止肥胖的目的。同時也能夠保持自己的魅力。

提升妳的內在形象

女人的打扮不但要展現外在的美，還要將外在的美與內在的氣質結合起來。想讓妳的氣質與眾不同，不但要從打扮入手，同樣要注重內在氣質的修養。思想有深度的女人一顰一笑都會展現自己獨特的魅力。

現代社會是一個物質的社會，同時更是一個很注重包裝的社會。用書來比喻，包裝精美的肯定會比平淡的更吸引人。而且，包裝也是一門學問，善於包裝的人，絕對是善於挖掘被包裝者內在精華的高手。

結合到人也是這樣，善於包裝自己的女人，總會將自己精彩的一面展示出來。或者說，女人的打扮不但要展現外在的美，還要將外在的美與內在的氣質結合起來。

對於女人來說，打扮得漂亮並不難，難就難在如何將內在的氣質外在化。這一點不妨

女神提示
提升妳的內在形象

學學英國的黛安娜王妃，如果將黛安娜成為王妃後的各時期照片連接起來，妳就可以清晰的看到一個內在氣質急劇變化的精彩女人。

想讓妳的氣質與眾不同，不但要從打扮入手，同時要注重內在氣質的修養。思想有深度的女人一顰一笑都會展現自己獨特的魅力。知道了這樣的道理，想必妳也就知道了如何提升內在魅力的祕訣。

想提升內在魅力，基本上包括兩個方面：首先就是要提高自身修養；此外，要注意將打扮化妝與妳的氣質以及妳想表現的氣質結合起來。

一個人的形象也能分為硬體和軟體。硬體是妳的身體、相貌甚至籍貫、家庭出身等不可更改的條件，而軟體則包括了妳的教育程度、為人處世、談吐舉止等各種能力。

對於大多數女人來說，硬體並不需要過多的操心，關鍵還是在於軟體的升級。彈得一手好鋼琴，或者優美的舞姿甚至書法或甜美的聲音都能給妳添加分數。

現代商業社會是一個很注重形象的社會，要想成功，不但要有才能，還要將自己的才能表現出來，這就是要展現自己的內在形象。為什麼一些成功人士更加注重個人的言談舉止，因為他們知道，這些能夠展現一個人內在才華的地方，更能樹立自己的形象。

測試：妳的婚姻是否美滿？

走進婚姻的殿堂後，隨之而來的雖然是再平凡不過的生活。每天面對的不是風花雪月，而是柴米油鹽醋等日常瑣事，其中的酸甜苦辣，真是如人飲水，冷暖自知。不過，從對種種日常事件的反應上，也能夠測試出妳的婚姻是否美滿，是否具有某種潛在的危機。

準備結婚或已經結婚的男女，不妨測測以下題，看看妳們的婚姻是否穩固。請選擇是或者否，然後對照結果看自己的結果。

一、我們會因為同樣的笑話開懷大笑，會在很多事情上面保持默契。

二、我們的生活習慣，包括吃穿用等方面的習慣基本相同，沒有什麼大的分歧。

三、只要是和我的伴侶在一起，就算被困在荒島上幾個星期，我也心甘情願。

四、在哪裡吃飯比吃什麼更難以讓我們達成一致，因為我們一個人注重吃飯的環境，另一個則更看重食物的品質。

五、我為我伴侶的職業感到驕傲，我伴侶也很支持我的職業選擇。

六、如果有機會去海邊，我們中會有一個人興奮的去衝浪，另一個人則寧願躺在海灘上曬太陽。

七、兩個人都有相同的道德觀，對那些攀權附勢的人，我們都會表示厭惡。

八、制訂計劃的時候，我們中的一個人會鄭重其事的找出記事本，寫在上面，另一個人則常常是隨手抓一張廢紙，寫在它的背面。

九、我們對當前社會上的一些流行，比如染彩色頭髮、穿露臍裝等持有共同的態度。

十、我們當中的一個人在吃的方面很簡單，愛好速食和漢堡，另外一個則對營養和美食頗有研究。

十一、對於一些有爭議的社會問題（比如同性婚姻、是否可以複製人……）我們持相同的立場。

十二、在生活習慣上，我們當中的一個人習慣把內衣疊好，整齊的放進抽屜，另一個人則只是隨便的把它們塞進去。

十三、我們當中的一個人如果給自己的父母送去一些錢或禮品，另一個人會表示出反對或不理解。

十四、對夫妻生活，兩個人都比較熱衷，而且很融洽，在一起的感覺很好。

十五、有一方或者雙方都不想談論有關性的問題，覺得只要做得好就可以了，這種問題沒有必要兩個人談論。

結果：

選擇肯定答案在六個以下：妳們的婚姻生活有很大的隱患，兩個人的分歧太多，生活

中容易出現矛盾，兩個人還沒有很好的磨合。

選擇肯定答案在七到十二個的：婚姻生活比較美滿，雙方有分歧，也有互補性，如果關係處理得好的話，肯定是美滿的一對。需要注意的問題是遇到爭執的時候需要保持冷靜。愛，需要雙方共同的呵護。

選擇肯定答案在十二個以上的：婚姻生活已經經受了考驗，兩個人在各方面都比較有默契。需要注意的是不要因為太熟悉而產生厭倦心理。

第六章　穀物和母性之愛的女神狄米特

女神故事

狄米特是一位有著長長的金色頭髮的女神，在希臘是個婦孺皆知的神祇。她掌管人間的作物和一切土地上生長的植物。她具有無邊的法力，可以使土地肥沃，五穀豐收，也可以令田園荒蕪，萬物凋零。在希臘眾神中，她也是最受尊崇的女神之一。

萬神之王宙斯是她的弟弟，也是她的丈夫。僅僅這個身分，就足以使眾神在她的腳下俯首貼耳了。但是，這位有著無比權勢的女神的生活並非十全十美。

宙斯憑藉著神王的地位，到處拈花惹草，鬧出了許多風流韻事，給狄米特帶來了無窮無盡的煩惱。唯一能夠讓她享受生活樂趣的，是她和宙斯所生的女兒波瑟芬妮，一個聰慧、美麗、天真、活潑的姑娘，和她在一起，任何人都不會悲傷和憂愁。

這一天，冥王黑帝斯駕車巡視西西里島，恰好被在雲端中走過的愛與美女神阿芙蘿黛蒂看到了，同時讓她看到的，還有正在田野裡散步的波瑟芬妮，以及她的夥伴女戰神雅典娜與狩獵女神阿提米絲。

阿芙蘿黛蒂內心十分討厭這幾個女神，認為她們從來不議論愛情，也不談婚論嫁，眼睛裡可還有她愛神嗎？雅典娜和阿提米絲是出名的貞潔女神，又都以武藝高強、神通廣大，聞名神界天國，還是不惹為妙。但對波瑟芬妮這個小姑娘，可就不必客氣了。

於是，頭上晃動著神聖光環的阿芙蘿黛蒂叫來自己的兒子小愛神厄洛斯，對他說：「看看吧！這幾個人是怎洋對待愛情的？如果人和神都學他們這樣，我們還怎樣統治這個世界呢？來，給黑帝斯射上一箭，讓他瘋狂的愛上波瑟芬妮！」

厄洛斯是個百發百中的神射手。他彎弓射箭，一枝無形的情慾之箭，正中黑帝斯的心窩。然後，他便跟隨著阿芙蘿黛蒂揚長而去，靜等著看好戲了。

果然，黑帝斯中箭後，對波瑟芬妮產生了刻骨銘心的愛。但他心裡明白得很，這個遠近聞名的美人兒，絕不會情願放棄陽光明媚的大地和天空，跟他到陰暗的冥府中去。因此，他找到自己的兄弟——眾神之王宙斯，請求他作主將女兒嫁到冥府。

「這個呀……我做不了主」，眾神的主宰沉思著說，「你也知道，狄米特難纏得很。不過，你要是有本事把波瑟芬妮搶走，我倒不反對。」

得到了眾神之王的默許和暗示，黑帝斯滿心歡喜，他立刻返回冥界，做好搶親的準備。

一天，波瑟芬妮在田野裡正要彎腰採摘一朵野花時，大地突然裂開了一條寬寬的地縫。隨後，一輛閃閃發光的金車，衝上了地面，駕車的就是威風凜凜的冥王。他不由分說的一把抱起波瑟芬妮，放到他身邊的座位上，一聲吆喝，馬車便以迅雷不及掩耳的速度沉入地下。裂開的大地倏然合上了，田野間依然是陽光燦爛、綠草如茵，除了天空中還回蕩著波瑟芬妮的呼救聲外，好像什麼也沒發生過。

狄米特在很遙遠的地方，聽到了女兒撕心裂肺般的呼救聲。但當她以最快的速度飛回來時，女兒已經不見了。她只知道女兒被「強盜」劫走了，但是，這個強盜是誰，卻一點蛛絲馬跡也找不到。那些知道波瑟芬妮下落的神靈們，全都緘口不言。他們知道這件事的背後，宙斯和黑帝斯都不是好惹的，誰也不想引火焚身。有幾個神祇被逼問急了，也是東西南北的瞎扯一通。狄米特按照他們的指點，沒頭蒼蠅般亂闖亂撞，不用說，這些都成了徒勞無功的瞎忙。

然而，對女兒的愛，促使狄米特永無休止的找下去。無論哪個神說了什麼，她都深信不疑。雖然後來的事實證明，那些都是徹頭徹尾的謊言。無奈之下，她在深不可測的埃特納火山口點燃了兩支松木火把，把整個世界照得一分，片通明。從那時起，無論是黎明女神還是黑夜女神，都未見她坐下來休息片刻。

就這樣，狄米特走遍了世界上的每一個角落。但是，她的女兒就像被風捲走了、被太陽曬化了，或者變成了水蒸氣和浮雲似的蹤影全無。眾神對她也逐漸由同情轉為厭惡。因為這個「女瘋子」為了尋找女兒，搞得世界上沒有片刻安寧。他們越加拿她尋啟開心來，忽而指向東南，忽而指向西北，無非是想把她支走，過幾天太平日子。

最後，狄米特只得拖著疲倦的身子，返回了西西里島，波瑟芬妮失蹤的地方。奔波了這許多日子，連罪魁禍首是誰都不知道，女神的氣惱可想而知。於是，她便把一肚子的怨氣，都撒到了西西里的農人身上。她殺死了島上所有的耕牛，命令土地堅如鋼鐵，封住地裡的種子，讓所有的植物都枯黃凋零。把這個地域遼闊的大島弄得赤地千里，餓殍遍地。

宙斯見她鬧得太不像話，就「好心」的勸她再到別處看看，別拿無辜的農民出氣。狄米特不知其中有詐，再一次踏上了征途。這下可不得了了，不知又有多少地方，由於女神的憤怒，變得顆粒無收，到處都彌漫著飢饉和災荒的絕望氣氛。

當狄米特明白自己又上了丈夫一個大當時，才靜下心來，想一想到底該怎洋辦？無意間她抬起頭來，看到了駕著金車，在茫茫太空巡行的太陽神海利歐斯。猛然想到，只有他高高在上，普照一切、明察秋毫，天底下發生的任何事情，都不可能逃過他的雙眼。女神這才手執火把，飛到海利歐斯面前，請他指點迷津。

偉大的太陽神憐憫女神的遭遇，又無需畏懼冥王的權勢。而且，他也不願意狄米特再這樣大鬧下去，讓眾神看笑話，讓老百姓受難，便把黑帝斯搶親的情形，仔細描述了一番。狄米特恍然大悟，但為時已晚。此時此刻，波瑟芬妮在黑帝斯的威逼利誘下，已然成了尊貴的冥后，無法再到地上和母親團聚了。何況，狄米特再神通廣大，也沒本事把女兒從黑帝斯手中硬奪過來。

狄米特知道自己受了眾神的欺騙、愚弄，憤懣和氣惱又加深了一層。她乾脆下了一道命令，讓全世界的植物一起凋零，讓所有的莊稼全部枯死，大地上不允許出現一絲綠色。她自己則躲到一個偏僻的地方，不再露面。

這麼一來，天上地下全部亂了套。老百姓沒有糧食吃，每天都有成千上萬的人餓死。成群結隊的亡魂擁入冥府吵吵鬧鬧，把黑帝斯弄得心煩意亂、狼狽不堪。眾神也因為得不到人間的祭祀和禮物，一個個餓得面黃肌瘦。宙斯沒辦法，只好讓波瑟芬妮每年有三分之一的時間住在冥府，三分之二的時間則返回人世，侍奉她的母親。以後，每當波瑟芬妮留居冥府時，狄米特便愁眉不展，大地也是一片蕭條。而女兒一旦和她團聚，女神便喜笑顏開，世界也重現草木復甦、群芳爭豔的勃勃生機。

很明顯，在這個故事裡，狄米特是一個十足的傻瓜。她不知道愛神的把戲，也不知道丈夫和黑帝斯的密謀，事件發生後，又被眾神支使的團團轉，屢屢受騙上當，被人戲弄。

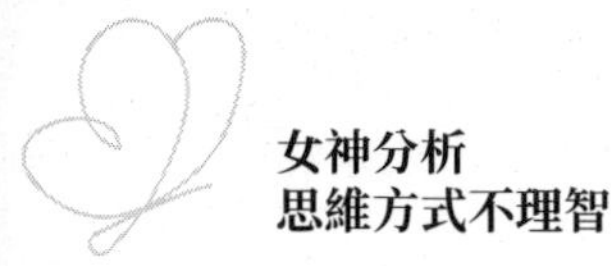

女神分析

以孩子為主要中心的母親

宙斯由於具有完全的統治地位，再加上他的生性風流，這給狄米特帶來了無窮無盡的煩惱。因此，她把情感的重心轉移到她的孩子身上，認為唯一能夠讓她享受生活樂趣的，是她和宙斯所生的女兒波瑟芬妮，並且覺得一分，個聰慧、美麗、天真、活潑的姑娘和她在一起，任何人都不會悲傷和憂愁。

在現實生活中，這種現象極為普遍。尤其在如今這樣的開放社會中，如果一個在夫妻關係中占從屬地位的女性，那麼一日男方的情感出現變動或其他原因造成雙方情感的不合，很自然的，女性就將孩子作為自己情感的一個表達的最終對象。

而事實上，這是不正常的心理，也不是能解決實際夫妻問題的有效方法，甚至會將問題嚴重化。

思維方式不理智

在故事中，狄米特輕易就被眾神捉弄，說明她不是一個很善於觀察和思考的人，也正

是因為這個原因，造成她對女兒的尋找永遠都是徒勞無功的。

這一點對我們現代女性也有一定的啟發，就是做任何工作或事情，千萬不要因為涉及到自身的私情，就失去了對事物發展方向的正確判斷。

不懂得照顧自己

從故事中我們可以看出，狄米特是一位不懂得自我關愛，不會照顧自己的女性。

這告訴我們，無論妳對親人的愛有多深，也不要因此喪失了對自身成長與健康的關懷，要學會共同享受生活。

女神修練

學做「自私」女人

做一個「自私一點的狄米特」，就是要不違心的去迎合別人，要保持自己獨立的性格和興趣，妳可以從下面的幾點做起：

☆ 大聲說「不」

有時候，儘管妳會拒絕別人的請求，可妳的表現卻總是不能讓自己滿意。妳表現得好像自己做了什麼虧心事似的，比那個被妳拒絕的人還要難受。其實，妳大可不必這樣，拒絕與接受，這是妳的權利，作為妳的朋友，他應當能接受任何結果。

對妳不喜歡參加的活動，不喜歡吃的餐館，不喜歡聽的電話，妳都要理直氣壯的說「不」。妳很快就能體驗到說「不」帶來的好處，妳的時間會多起來，妳終於可以做自己喜歡的事情了。

☆ 讓別人知道妳的容忍度

如果妳處處做「好好」小姐，妳的朋友可能以為妳的耐心是無窮的，進而不再顧及妳的感受，妳的戀人也會忽視妳為他付出的一切。就像小孩子為了引起大人的注意，常常違背大人的心意和安排，執拗的堅持自己的主張一樣，妳也要在必要的時候，對妳的朋友「唱反調」。

☆ 需要什麼不妨直說。

不論是在學校，還是在職場，或是休閒運動的時候，每個人都希望自己能從中得到些東西。在人與人之間的互動中，「平衡」是非常重要的。當別人從妳這裡得到他們需要的東

西之後，他們自然也很想知道妳的想法。

有時候，我們如果能直接說出自己的想法和要求，不僅能讓自己滿意，也會讓那些和妳在一起的人心情放鬆。

☆ **盡可能多了解別人**

友誼和善意有時候有很大的偽裝性，別人可能在利用妳的好心。這時，妳應該睜大眼睛，對妳的朋友進行識別。不要輕信別人的花言巧語，對那些刻意來主動取信於妳的人，要多加提防。

☆ **自私不等於不做善事。**

人們習慣於將自私的人看成是心腸很硬，只為自己著想的傢伙。事實上，做善事並不一定就代表妳是一個心地善良的人，而一個標榜自私的人，所做的善事，更可能是出於自己的真心。

所以，妳應該是一個將自己放在第一位的自私的女人，但在必要的時候，妳又應該是一個無私的人，將自己的善意恰當的傳給他人。這種發自內心的善意，不帶任何勉強的成分，同時也更能讓妳體會到作為一個施予者的快樂。

☆ **善待自己。妳對自己的呵護，應該是無微不至的，妳了解自己，愛護自己，更知道**

如何尊重自己和掌握自己。「自私」的妳，更能贏得平等的友誼和愛情，這讓妳能夠無拘無束的享受生活。

在如今這個充分張揚個性與自我的年代裡，妳的好心和隨和往往得不到妳想要的東西，不僅如此，它還會成為別人漠視妳的理由。因此，「自私」的女人，常常最有魅力。

讓妳的男人更像男人

如果妳希望「讓」男人更像男人，應該做到以下三點：

☆ 具有共情能力

許多男人都有一種經驗，他們認為：一個令人難忘的女人一定是具有共情能力的。共情能力或許是與生俱來的一種能力，但同樣也是可以學會的，只要妳能用心對待生活。

如果妳能感受到他人心裡的快樂與痛苦，妳就成功了一半。一個具有共情能力的女人能注意到周圍所有的人，不忽略即使是最微不足道的小人物。她能接受談話者的思想，能體會同樣的苦樂。她不是人生的旁觀者，也不是高高在上的女皇，她生活在人群中間，她遭遇到許多事情，她是一個豐滿的實體，能接受也能給予。

如果說這是一種技巧，那麼掌握這種技巧的女人必定是個聰明的女人。她善察人意，

能發現別人的長處。如果她的男性朋友富於機智，但有一點害羞，她會引發他的機智，讓它暢流無阻；如果她的朋友是有著冷酷外表的夢幻理想主義者，她會巧妙的向這一朵隱藏的花朵進攻，使他露出愉快的笑臉。

具有共情能力的女人同時也能將她特有的調動氣氛能力傳播給別人，令周圍的人心情放鬆，盡情歡笑，毫無隔閡也毫不虛偽。這時候，她身上的魅力就像晴朗的天空，像雨後清新的空氣，浸潤在每個人心裡。她使一切充滿樂趣，無論是一次長談、一次聚會、一次街上的偶然相遇、一段工作來往，她都能使每一時刻充滿生機。男性願意和這樣的女性交往，因為她有追逐美好和快樂的心理願望。

☆欣賞男人的聰明

有人說「女人的聰明在於能夠欣賞男人的聰明」，這是顯而易見的長處。一個男人和這樣的聰明女性在一起，就能發現自己比原先還要更能幹一些，能做的事比自己預想的多，思維也特別的敏捷。她能在不知不覺中鼓勵他說出想說而沒能說出的想法。

請妳注意這樣一個事實，許多男人最知心的朋友往往是女性。是不是因為他需要女性的幫助呢？這麼說不完全正確。不僅僅是出自異性的幫助，問題在於女性能夠以她寬廣的胸懷、無窮的愛心去理解男人。

有時，女性朋友並不一定真正聽懂了他那些工作中深奧的術語，也並不一定真正了解他的工作，可是她卻完全理解他的想法和心情，理解他的苦惱與歡樂。這就是與男人溝通的神祕途徑，這也是女人特有的本能。

一個具有共情能力的女人無需用極力表現自己的方法來獲得別人的讚美，她充實的內心和敏銳的洞察力首先使別人感到愉悅，自然而然的就獲得了別人的好感。這難道不是一種使女人熠熠生輝的魅力嗎？

溫柔到永遠

想要讓一個男性感到快樂和幸福並不難，只需要使他感到舒適，並能按自己的想法做自己喜歡的事就可以了，每個女性都能很容易的做到。而最美好、最值得期待的事情是，四五十年後，他會深情的說：「她是多麼溫柔可愛！」

當然，一個溫柔的女性不僅僅是對丈夫體貼的女性，她的溫柔還體現在以下幾個方面：

☆ 通情達理

溫柔的女性對人一般都很寬容，她們為人很懂得謙讓，對別人很體貼，凡事喜歡替別

人著想，絕不會讓別人難堪。

☆善良，富有同情心

這是女性的溫柔在待人處事中的集中表現。對人對事都抱著好的願望，喜歡關心和幫助別人。對於弱者、境遇不佳者、老人、小孩子和病人，溫柔的女性會十分同情他們，並盡可能設法去幫助他們。

☆性格柔和

絕對不會一遇不順的事就暴跳如雷或火冒三丈。以柔克剛，是溫柔的最高境界。到了此境界，即使是百煉的鋼鐵也能被化成繞指柔。

☆小事細緻

讓人心動的不是妳做出了多麼驚人的業績，更多的情況下，是妳那適時適地的細心關懷和體貼，最能叫人怦然心動。一起出門時吃東西弄髒了手，妳備好紙巾遞上；衣服扣子掉了，一向細心的妳及時為他縫上……雖然都是小事，但卻於細微之處充分體現了妳女性的溫柔和魅力。

在季節的變換、時間的推移中，漂亮的外表會失去光澤，溫柔的氣質卻將常駐。懷著一顆感恩的心吧，親吻妳的伴侶，感激妳的朋友，善待世間的生靈，一股暖暖的柔情就會

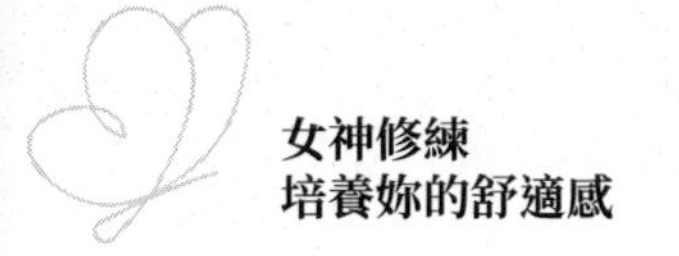

從妳的內心深處散發出來，久久繚繞在妳的四周。

培養妳的舒適感

「什麼樣的女性對男性最具吸引力？」幾乎所有的硬漢都填了相同的答案：讓人感覺舒適的女性。既不是令人浮想聯翩的完美曲線，也不是熱情火爆的刺激，只是平凡的舒適感！

這個答案肯定讓一些相信化妝品和香水廣告解說詞的女性大失所望。很顯然，在男人看來，一克的舒適感勝過一斤的性感。但是，男人心目中的舒適女性應該是什麼樣的呢？是溫柔賢慧的女人，還是某個讓他的眼睛、耳朵和全身的神經都感到輕鬆自在的女人？抑或是瑪莉蓮夢露式的性感尤物？

一位人際關係專家從大多數女性的經驗中總結出以下有用的法則。如果妳希望給人舒適感，不妨試試看：

☆ 隨和樂觀

苛刻挑剔的女人，習慣於用碎念來表達自己心中的不滿和厭煩。婚姻專家指出，男人寧願在輕鬆愉快的氣氛裡吃泡麵，也不願意和一個愁眉苦臉、嘮碎念叨的女人一起享用美

妙大餐。

許多男性選擇伴侶的條件是性格樂觀。一位單身漢聲稱，如果要他在一個出身貧寒但快樂溫柔的女人和一個富有的潑婦之間做選擇，他一定毫不猶豫的選擇前者！

性格開朗的女性能給周圍的人帶來許多快樂。幾年前，我所在的公司招聘過一個速記打字小姐。單就這份工作來說，她做得實在糟糕透了，根本不能快速準確的記錄和打字。但是她一直保有這個工作到結婚才離開，因為她那有如快樂天使般的性情像一束陽光，照亮了有點沉悶的辦公室。

無論辦公室內有多少牢騷、抱怨和批評，都能被她一一化解。單憑這一點，即使她做不好其他任何事，也值得付給她那份薪水。我猜想她的廚藝也許比速記打字能力好不到哪裡去，不過我偶爾見到過她和她的丈夫在一起，她丈夫注視她時，整個臉龐充滿了欣賞和愛戀。很顯然他並不在乎太太廚藝的好壞。

☆做一個好聽眾

只要有女人在，男人就沒有開口的機會。所以，男人們總說，女人話太多。一個總是喋喋不休的女性，只會讓男性避而遠之，只有善於傾聽的女性，男性才樂意與她交談。

「傾聽」並不是溫順的一言不發的坐在那裡聽別人講。其實，聆聽也要講究「品質」，要

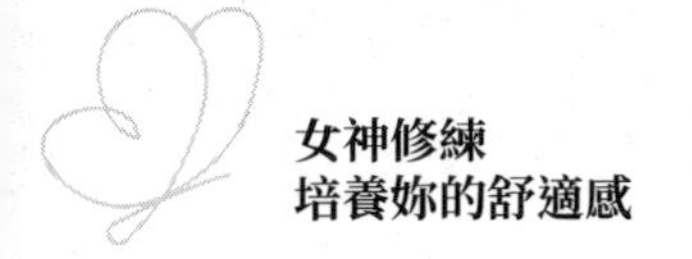

有「積極性」的傾聽。

注意力集中是聆聽別人談話首先要注意的。眼神不要飄忽不定，千萬不要讓心思任意漂遊，比如一邊聽人講話，一邊在想明天要出去購物或逛街。也不能表現出緊張、坐立不安的拘謹舉動。聽的時候，表情要放鬆，盡量自然，並讓它們隨著聽到內容的變化而變化。

出色的傾聽者懂得心神集中和積極配合。以前有一種說法，說一個女孩如果想要贏得男人的心，只要在男人描述自己剛做成的一筆大買賣時抬頭凝視他，同時附送上這樣的甜言蜜語「哇！你真了不起！」「天啊，你簡直就是天才！」等等。這個時候，女孩表現得越天真甚至愚蠢，男性就會越傾心。不過，如今這個理論有點行不通了，因為時下的女孩子也非常能幹，要讓她們假扮愚蠢的小女孩實在是有難度。現在的男性似乎也越來越精明，知道誰是真正關心他，而誰不過是在裝傻想纏住他。如果妳希望給人舒適感，千萬不要在他需要一個聰慧的傾聽者時，對他使出天真裝傻的手腕。

恰到好處的發問對提高聆聽品質很重要，偶爾提出一些不同的看法，如果妳很贊同他的看法，趁他談話停頓的間隙提出來，記住不要滔滔不絕，要讓他掌握談話的主導權。這樣，傾聽就不會只是單調的獨白，而成了雙向的溝通。

☆順應男人的心情

丈夫說：「今晚請老朋友麥克和瓊斯過來吧，好久沒有和他們聚一聚了。」「好！」妻子說，「順便把海倫和湯姆也請過來，最近我們已經去過他們家兩次了。噢，天啊！海倫的妹妹也在，我得為她找個男伴，以免她孤單。你趕緊到去多買一些啤酒、熟食和主菜。我來打電話，然後化妝，換衣服，收拾一下東西。我換衣服的時候，你可以用吸塵器吸吸地毯。」丈夫原本只想安安靜靜和一兩個老朋友聚一聚，結果引來了一屋子客人。他一定很後悔剛才提出的建議。

女性幾乎不會為一時興起而做任何事情。男人沒法理解這一點，他總不明白，為什麼女人就連去看場電影也要在幾週前計劃好，而當他臨時決定到鄉下度過週末時，女人卻說她沒有合適的衣服穿。

其實偶爾嘗試一下新鮮的做法也沒有什麼損失，還能獲得意想不到的快樂。「好，我們……」比「好，但是……」要動聽得多。

有一位適應力非常強的女士，她的丈夫喜歡短期旅遊，時常丟下廣告業務打電話給她：「親愛的，收拾好後，明天早上我們去墾丁度假。」對此已經習以為常的她，將泳裝裝進手提箱裡，取消所有的約會，就等著第二天早上上船了。她說這真的這很簡單，任何一個女人稍微訓練一下就能做到。

男人喜歡想到一個主意就立即實施它，如果女人不能適應這種衝動，就會感到非常氣惱。擁有這種適應能力的女孩，已經在如何與男性相處的問題上搶占了先機。

☆ 不要太能幹

某企業的一位女主管因為太能幹而失去一個很合適的男友。她平時慣於制訂計劃，發號施令，工作非常得心應手，但卻在愛情上遭到了挫折。她向朋友傾訴自己戀情失敗的原因：「我發現，當我的男朋友剛打開雨傘，我已經叫來計程車；通常是我按電梯的按鈕；共進晚餐時我主動幫他點菜。所有的事，我都搶先一步做了，以致於他從沒有機會為我拉開椅子或幫我脫下外套。我是太能幹了，最後的後果是他離開了我。」

想想現在的女孩也夠可憐的。當中意的男人出現時，她既要顯示出自己成功、獨立的一面，又要時刻提醒自己不能顯得太能幹，畢竟自己還是個女孩。現在的男性總想要魚與熊掌兼得，既希望自己的伴侶具有足夠的女性魅力，同時還要有做事的頭腦，必要時還能慷慨的拿出自己的收入資助他的事業。

不過，做男性心中的理想女性並不是非常困難。妳可以上班時盡力表現出妳是老闆不可缺少的得力助手，但是下班後就要換成另一副面貌，要讓妳的男性朋友感覺和他約會的是一個可愛的女人，而不是一部高效率機器。就像大多數女人一樣，我是從一個被嚇跑的男性朋友那裡學到這個經驗的。

有一位女士，在她讀大學的時候，有個男生護送了她好長一段時間。那段時間，她迷上了政治，和男朋友在一起也大談特談政治。最後這個男生終於忍無可忍，憤怒的大聲說：「如果我想聽政論，我會看報紙。妳以前是個可愛的女孩，但現在變了。我不想聽妳談政治，我只要能讓我感到愉快的好女性。」

☆ 展現真實的自我

沒有什麼比看到一個六十多歲的女人打扮成少婦模樣更讓人感到好笑的了。她穿著緊身褲，頭髮染成五顏六色，腳踩五公分高跟鞋。她深信，只有年輕的女人才有魅力，因此竭盡全力使自己看上去年輕些。在所有可悲的情形中，這種打死不接受自己實際年齡的女性可以榮登榜首。每當看到這類女性向男人拋媚眼，拚命想要以她想像出來的性感網住男人時，我就感到一陣噁心。我想男人們應該也有同感。

只有展現最真的自我，才能獲得人們的好感和尊敬。有時候，一個文靜內向的女孩突然會做出一些怪異的舉動，比如在宴會上放聲大笑或者豪飲，她覺得這樣做可以使自己成為人們關注的焦點。可是，男人才沒有那麼笨，他們懂得辨別真假。

許多女性認為只要改變一下自己的著裝風格，就可以讓男性弄不清與自己交往的究竟是一個什麼性格的女人。就連上帝也無法改變我們的性格，不如老老實實承認它，更何況我們的性格也沒什麼不好的。發揮自己的優點，改正那些令人生厭的缺點，就一定能展現最佳風采。

有氣質的女人，未必有多美麗，卻給人一種賞心悅目的舒適感。在她的身邊，妳能感到從未有過的輕鬆，卸下花花世界的偽裝，溝通不再困難。

靜心教育好孩子

有美麗媽媽的家才是最溫馨的家。有美麗媽媽的家不僅是孩子遮風避雨、吃飽穿暖的地方，更是孩子心靈的棲息地。

旅美歌唱家陳東在他的家書中這樣寫他的媽媽：「她像蜜製的介質，使我躺在她的中間，與外面的世界衝撞的時候，緩衝了多少毀滅性的壓力；她又是充滿營養的介質，當斡旋於快要不可逆轉的時勢時，隨時給予我以能量——心能！她是一帖安撫劑，使我心頭寧靜，充滿安全感；她又是凝聚劑，使兄弟姐妹、親朋家族重新黏合在一起。」

惠普公司總裁卡莉．費奧莉娜說她媽媽是個對生活有著極高的品位的畫家，「她教會我

保持樂觀的生活態度。」

「當孩子的媽媽不是一年或兩年的事，而是孩子永遠的支柱！」

修養靜心才能全方位的教育好孩子，做孩子一生的貴人。有自己的精神追求，不讓自己的心志萎縮，不讓自己的才智變得薄弱，這樣的媽媽才不會是一個單調的媽媽，這樣的媽媽才能成為孩子精神上的良師益友。修養靜心不但能改變自己，也改變孩子。媽媽在靜心修養中洗滌自己的心靈，也美化孩子的心靈。在生活中，靜心的對孩子實施精心教育，可以導正孩子的行為，涵養孩子的心性，豐富孩子的生命。透過靜心體驗、講述故事、省思、靜思、生活經驗等教育過程讓孩子產生積極作用。

修養靜心能讓妳以熱心、耐心、恆心奉獻自己，教育好孩子，培養出有情有愛、有德有義的社會棟樑。並能難行能行、提升自己、綻放大愛的精神，做一個被需要的好媽媽。給孩子提供無限寬闊的身心空間，體會愛的溫暖。

松樹經過數十年的歲月，綠化了貧瘠的山坡，與朝暉夕暗遙相呼應。松的松果永遠堅實，種子散向四方，再植山林。松樹與松果，仿如教育的植樹與植人，薪火相傳，生生不息。大自然的春華秋實，孕育人文教化與哲理人情，只有靜心的人才能看透世情，參透育人的道理。

急進的教育往往會帶來失敗，有時候，換個角度教育孩子，會收到意想不到的效果。一位母親帶孩子外出，外面氣溫較低，母親想讓孩子多穿件衣服，可是孩子不肯。這位母親什麼也沒說。出了門不一會兒，孩子就感覺冷了。過了好長時間，母親才從背包裡拿出那件孩子不肯穿的厚衣，孩子馬上接過來，二話沒說就穿上了。沒費什麼唇舌，這位母親就讓孩子自己承受了不當行為帶來的後果，相信下次這孩子就不會犯同樣的錯誤了。

換作另外一位母親，可能會絮叨個不停，也可能會一再堅持讓孩子換上衣服，如果孩子一再拒絕，其結果可能有一場爭吵和哭鬧，弄得大家都不開心。

妳看，同樣的事情，換個角度處理，其效果就人不一樣。我也曾在報上看到過另外一個同類的故事。

有位老人想圖個清靜，所以在郊區買了一套房子住。但沒幾週，附近的草地上就開始有幾個年輕人在追逐打鬧、又踢垃圾桶又大喊大叫的。老人如直接去阻止他們，這些年輕人肯定不聽勸告，弄不好還要吃虧。因此老人用了一個巧妙的辦法。他出去對他們說：「你們玩得真開心呀，我喜歡熱鬧，如果你們每天都來這裡玩耍，我給妳們每人一百元。」年輕人非常驚訝，玩了還能拿錢，怎能不拼命玩！過了兩天，老人找到他們：「我到現在還沒有收到養老金，所以，從明大起，每天只能給妳們五十元了。」年輕人已經開始不悅。又過了幾天，老人對他們說：「我又沒錢了，每天只能給妳們五元。」「五元？我們才不會為區區五元在這裡浪費時間呢！不幹了。」從此，老人又有了寧靜悠然的日子。

孩子畢竟也是個人，他們有自己的人格尊嚴，也有自己的思維方式。對於他們，我們不能用簡單粗暴的方法，那樣的話，只會使事情越來越糟。我們應該在充分了解孩子心理特點的基礎上，想出巧妙的辦法來引導、教育孩子，這樣既使孩子容易接受，又能順利解決問題。

教育是一門藝術，這門藝術是無止境的。面對孩子，媽媽們要做的事情確實還有很多很多，靜心才能讓我們教育好孩子。

塑造良好性格，帶來美好生活

有一個好的性格，會使妳贏得朋友，事業順利，婚姻美滿，家庭和諧。古怪的性格，則會給妳帶來孤獨，失去愛的機會，喪失自信心，事業受到挫折。所以，女性適當注意培養良好的性格，事事聽取不同意見，增加自己寬容別人的心態，改變自己不良性格，以適應自己的生活要求和環境。

女性性格自我塑造應注意幾個方面：

定因素。

☆正確對待遺傳因素。

身體及客觀容貌固然重要，但一個人是否出眾，身體健康、心理健康是更為重要的決定因素。

☆培養健康的生活情緒，保持積極、樂觀的性格。

一個人的情商比智商更重要。一個人若偶爾的心情不好，不致於影響性格；若長期的心情不好，對性格就會產生影響。或許會形成暴躁易怒的特點，或是形成神經過敏、衝動沮喪的特點。因此，要樂觀的生活，培養點幽默感，增加愉快的生活情趣，保持美好的記憶。

女性要善於從以下方面調節情緒：

- 凡做每一件事時，總要向最好的結果努力。但不要期望過高，要留下一席心理空間，做一點糟糕的設想。
- 培養樂觀開朗的性格，對生活的艱難和不公正，不斤斤計較，不耿耿於懷。
- 在不順心的境遇中學會安慰自己。凡事往好的一面想。
- 學會疏泄自己的消極情緒。在遇到不愉快的事情時，最好不要悶在心裡，要主動向丈夫、知心朋友、同事或者上司傾訴內心的憂鬱和痛苦。
- 要學會在失意時轉移注意力，有意識的做些自己平時感興趣的事情，逐漸淡化消極情

緒。興趣廣泛，愛交際的人，能與人和諧相處並學到許多知識，訓練出優良的性格。

• 掌握情感，情感能左右生活的道路。

情感需要可以說是女性極重要的心理需要。感情生活的成功與否，有時能夠直接左右女性的生活道路和生活方向。人的情感需要很複雜，不單是指夫婦間的愛情，還包括親情、友情以及事業上的熱情等。

假如妳因追求愛情而捨棄了其他方面的情感滿足，那麼，有一天妳會感嘆說，要知道會有今天的孤獨與痛苦，當初就不應該失去友情，失去對事業的熱情，失去與人交往的溫情。實際上，其他方面的情感滿足，會反過來加深和淨化妳的愛情，使妳的愛情生活和家庭生活滿意程度大大的增加。

與自己的心靈對話

心靈的富足並不是一句空話，事實上，它是一個女人能否得到一生幸福的必不可少的條件。心靈富足的女人，會更具魅力，也只有更具魅力的女人，才能贏得男人的尊重和愛。

與自己的心靈對話，認識自己，擴大自我的生活空間，增強妳的定力與韌性，這是妳的無限魅力所在。

☆ 不要讓紛擾的瑣碎生活成為妳的全部。

有時候。妳需要從日常生活中抽出身來，以一種旁觀者的眼光來檢視自己的生存，發現被妳忽略了的東西。這種省思有助於妳發現自己的問題，及早做出改變。

☆ 與自己的心靈展開對話

明白自己真正想要什麼，怎麼樣的生活才會讓自己感到幸福。

☆ 對那些妳目前無法回答的問題，不要停留在猜測和想像的層面上。

要用行動去驗證自己的問題。在做出選擇之前，一定要經過心靈的同意。（輕易做出決定，常常是女人的通病）

☆ 從內心深處獲得克服困難的力量

將這種來自心靈的、真正的力量運用在生活中。事實上，許多女人都曾對自己不願用心讀書的女兒說：「媽媽以前比妳還聰明呢，要不是那麼早就碰到了妳爸爸的話，現在都是教授了。」我們不知道她們在說這些話時，是在炫耀還是在後悔，但是我絕對相信她們所說的這些話。

在女人的成長過程中，她們所遇到的選擇和機會其實比男人更多。當妳學業不順的時候，妳可以選擇嫁人，當妳工作不順時，妳還可以辭職在家裡操持家務。在女人的一生

中，擁有比男人多得多的退路，而男人卻必須保持堅韌的性格，在風雪裡打鬥，血淚都只得自己默默咽下。

或許就是因為女人在一生中都有退路，所以即便是男女教育平等、政治平等的今天，在那些傑出人物中，女性比例仍然遠遠低於男性，這並非一個偶然。

也許，在妳面臨這些選擇的時候，妳首先得給自己一點時間，並好好思考一下，好好的問問自己，最好是每天都這樣問一問：我想要的生活是什麼？什麼才是我真正需要的？

很多專家指出，大多數女人只有到了二十五歲，才能明白自己最想要的是什麼，可是那時候，生活所能給她們的選擇機會已經少之又少了（也許她的手裡曾經有過很多張好牌，可都被她過於輕易的揮霍掉了）。

有個著名暢銷書作家說：「在我二十五歲的時候，已經工作了三年，擁有一份沒有什麼前途的工作，出版的書沒有為我一勞永逸的解決財務問題，甚至沒有給我帶來任何知名度，與男友相戀幾年，我依然沒有結婚的打算。我覺得我的人生陷入了停滯的狀態，那段時間我非常沮喪。我想，必須做出某種改變了，我對自己提出了以下的問題：

「我渴望什麼樣的生活？。」

「我是否忘了自己一直在追求什麼？」

「其實，回答這些問題並不難。我知道自己對什麼心有不甘，那就是我的學業。我一直希望自己在研究領域能再深入一些，至少也能得到碩士文憑。」

「女人的二十五歲，可能是人生中的一個分水嶺，我慶幸自己還不算晚。於是，我拋下工作，在我的朋友為買房子、車子而努力時，我又重新穿上牛仔褲，走進了校園，給自己充電。」

「可是，我的朋友凱琳卻沒有我這樣幸運，她當時儘管也意識到自己想要什麼？可是為了供房子，她每月要付銀行一筆數目不小的錢。最終她沒有打定主意。三年後，我從研究所畢業了，我對自己有了新的認識，以自己認可的方式生活著。而凱琳，還在為自己當初的選擇而耿耿於懷。」

聆聽自己心靈的呼吸，不受任何干擾。讓心靈告訴我們想要什麼，不要以種種藉口來拒絕它，不要給自己的人生留下太多的遺憾。

女神提示

向男人提建議的四個可行方法

如果女人認為男人的某些行為實在難以忍受，她應該懂得該如何不經指責就直接告訴他，她不喜歡他的表現。這是一門需要細心與創作力的藝術。以下有四個可行的方法：

☆ **女人可以不用長篇大論的告訴男人她不喜歡他的服裝品位。**

當他穿衣服時，她可以漫不經心的說：「我不喜歡你穿這件襯衫，你今晚可不可以穿另一件？」如果他因此而為難，她可以尊重他的感覺，並表示抱歉。她可以說：「對不起，我不是要教你如何穿著。」

☆ **如果他很敏感（許多男人都是這樣），她可以利用別的時間談。**

她可以說：「記得你穿過的藍襯衫和綠褲子嗎？我不喜歡那種組合，你可不可以配一條灰色的褲子？」

☆ **可以直接問**

她可以問：「我可不可以哪天帶你去採購？我想替你挑選一些新衣服。」假如他說不，可見他不需要母親似的女人。假如他說好，記得別提太多忠告。謹記他是敏感的。

☆ **探詢式的詢問。**

她也可以說：「我想跟你說些事，但不知道怎麼開口（停頓）。我不想讓你不高興，但我真的很想說。你能仔細聽並建議我該怎麼說才好嗎？」如此可以幫助他有心理準備，不致受到太大衝擊，然後他才能驚訝的發現，事情並沒有太複雜。

讓我們探討另一個例子，你若不喜歡他的餐桌禮儀，當你們獨處時，你可以說（不要用反對的眼光看他）：「你可以使用你的餐具嗎？」或「可不可以用杯子喝？」如果有別人在場，最好不要說，也不要提醒他。等以後再說：「我不太習慣你用手抓東西吃。我很在乎這些小事，我們一起用餐時，你可不可以用你的餐具吃？

他如果做了令妳難為情的事，等到沒外人在身邊時才告訴他妳的感覺。不要告訴他應該怎麼做或他做錯了什麼，而是簡短誠懇的說出感受。妳可以說：「前幾天晚上聚會時，我不喜歡你講話那麼大聲。我會很介意，你可不可以講小聲一點？」如果他因此難過或不喜歡妳說的話，妳再為此批評道歉。

「無聊乏味症」的主要症狀

談吐不僅指言談的內容，還包括言談的方式、姿態、表情、速度、聲調等。談吐是女

性風度、氣質和女性美的組成部分。

氣質女人的文雅談吐是學問、修養、聰明、才智的流露，是魅力的來源之一。如果女人的談吐既有知識、趣味，又能用豐富的表情和優美的聲音來表達，那將會達到意想不到的效果。相反，任何語言貧乏、枯燥無味、粗俗淺薄，都會使人感到厭惡。

與人交談，既有思想的交流，又有感情上的溝通。但許多女性在與人交談時容易犯「無聊乏味症」，使原本甜美的嗓音喪失了美感。如果說預防是最好的治療，那麼在治療之前，我們需要了解一下那些嚴重的「無聊乏味症」的主要症狀。

假如妳發現自己具有以下這些症狀，便能明白為什麼上次別人舉辦宴會時沒有邀請妳，為什麼自己心儀的男士不喜歡長時間與妳聊天了。

☆ 不停的談論瑣事

有時候，本來是一句最普通的禮節性問候語，都會招來無聊乏味的人的長篇大論，當然，他們講的大多是廢話。若妳不小心「擰開水龍頭」——打開了她們的話匣子，那就只能乖乖坐在那裡任憑滔滔口水將妳淹沒。

我的鄰居就是這樣一位總愛談論瑣事的女人，假如妳出於禮貌的和她打招呼：「妳的孩子還好嗎？」她就會很興奮的把妳當成傾訴對象：「我最小的那個孩子，最近說什麼也不肯吃麥片，昨天還把整碗麥片倒在自己的頭上。真是頑皮極了，我簡直拿他沒辦法。後來我打電話去問兒科醫生。我說，醫生，為了讓我的寶寶吃完麥片，我已經想了很多辦法，但他不是把麥片吐出來，就是灑得滿地都是，更糟糕的是，他常常把麥片弄得滿身都是。

「醫生問我有沒有試過在麥片里加點香蕉。我說，這個方法恐怕不行，我的寶寶不喜歡吃香蕉。他叫香蕉『蕉蕉』。我們給他吃香蕉時，他總是揮舞他那胖胖的小手，高聲大叫：『我不要蕉蕉！』當然，他比同齡的小孩子聰明得多，我們附近還沒有一個小孩有像他那麼強的表達能力，我真為他驕傲。對了，前天他還把桌上的桌布拉了下來，然後用那雙漂亮的大眼睛瞪著我們說：『寶寶拉拉。』妳看，我的寶寶多可愛，我和他爸爸差點笑死了。」

唉！這時候，估計妳也快死掉了，但肯定不是笑死。可恨的是，這些人總是可以將各種話題引到她想談的方向上去，無論妳是在跟她談馬龍．白蘭度還是本年度的政治風雲人物，她都能回到她最初、最想談、最常談的話題——她的寶貝孩子或者她引以為傲的丈夫或男友。

卡內基夫人便遇見過這樣一位女士：無論我們當時談論的話題是國際關係還是物價上漲，她都能神奇的把話題引向她女兒。有一次，我們談到俄美對立，她說：「是呀！妳當然不能相信那些俄國人。」然後話鋒一轉，「有一年夏天，我女兒的大學同學約她一起去歐洲旅行。她們並沒有到慕尼黑，只是考慮要不要去一趟西柏林。女兒問我：『您覺得怎樣？』然後我說……」天哪！又是女兒！妳不得不對她佩服得五體投地。

不幸的是，不只是身為父母的人們喜歡滔滔不絕的講自己喜歡、別人卻覺得瑣碎的事。一個剛剛做成一大筆汽車輪胎生意的年輕推銷員，也會因為自己的成功而欣喜不已，然後事無鉅細的向別人仔細講述他憑著三寸不爛之舌讓哪家百貨公司的經理簽下十萬元訂單的全過程。

或許妳還記得，妳曾被迫聽一個橋牌高手講他如何在一次牌局中贏得滿分的複雜過程，還有那些狂熱的影迷，他們爭先目睹剛上映的電影，然後將其中的情節絲毫不差的講給妳聽，如此這般的培養妳的忍耐力，簡直足以澆滅妳去看新電影的欲望。有時，妳真想拿個東西砸他們的頭。

這些讓人討厭的話題隨處可見，不僅是有關小孩、橋牌或電影，還有可能是男友或丈夫的最大嗜好，或者是最好朋友的情感故事，或者是親戚的工作問題；甚至也可能是怎樣餵養小貓小狗等寵物。我有一次「悲慘」的經歷。有一天，我在街頭遇到一位老朋友，她用了二十多分鐘，向我詳盡的敘述了她家的金絲雀的腸子如何出了毛病。

事實上，她們都不太成熟，不了解交友的首要原則——為別人著想。

☆ 談話漫無邊際

馬克．吐溫寫過一篇文章，模仿一個女人是如何漫無邊際的描述一件事，嘲弄之意溢於言表：「我有沒有對妳說過我們去年休假時，曾去西部參觀印第安人的村莊？我們是在一個星期五早晨，哦，不對，應該是星期四！我們在星期四出發是因為我得在禮拜三去看牙醫。對嗎，親愛的？我的門牙有點鬆動，所以去找牙醫幫我治療一下。我的天哪，那個牙醫的話可真多，一講起來就沒完沒了。不過，他的醫術還不錯。我曾跟我的老闆提起過他。我的老闆是個怪人，一天到晚心不在焉的，事事都靠我。有一天我對同事說：『如果我現在辭職不幹，老闆會怎麼樣？』她說：『哎呀，如果妳走了，我就只能回家找我媽了。』多孩子氣的話！」

多麼無聊的女人，多麼富有聯想的能力！假如妳是她的傾訴對象，我想上帝都會為妳感到悲慘。

呆板木訥的人唯一的好處是她們不像上面的那些人話多。但她們自有讓人頭疼之處。她們常常惜字如金，能不開口說話就不說話，面對妳如火的熱情，她們仍然冷漠寡言，偶爾發出幾聲單調的「哦」表明自己不是木頭人。幸運的話，或許可以聽到「是嗎？」妳就會為自己大費周章終於讓她們多說了幾個字激動得熱淚盈眶。

這類人看上去就像一潭冷冰冰、不起波瀾的死水，想從她身上得到哪怕是一點點智慧或禮貌的回應，就像打算去外星球發行股票一樣困難。當妳使出渾身解數尋找合適的話題，希望她們參與到妳的談話中來，卻發現自己不過是對牛彈琴。因為她們對任何事都不感興趣，那張臉永遠沒有任何表情。她們簡直就是威廉．史塔克筆下的漫畫人物重新復活一般，假如那也可以稱作「活」的話。

☆自以為是

這種人自認為無所不知，往往用幾句話就武斷的結束任何有意義的討論，別人根本沒有插話的機會。假如妳不同意她的觀點，她就會奮起反擊，評論妳的觀點多麼荒謬可笑。「天啊，妳瘋了嗎？」她大聲喊叫著，「難道妳不知道這事早就被證實……」甚至是「天啊，妳真是笨得可以。」如果她那天心情好，她就會慢條斯理的說：「朋友，妳完全錯了，事情應該是這樣的……」

不論是暴風驟雨的批評還是和風細雨的「指點」，她總是武斷的、結論性的、魯莽的告訴妳一些事，這是這類人最讓人討厭的地方。

生活告訴我們，與這種類型的人交談，任何話題都會遭到毅然武斷的反駁，就像迴力球一樣，最終又回到妳臉上，讓妳措手不及。

妳要是不幸遇上這類人，辦法只有一個：無論她講什麼，妳都表示同意。縱使溫和的反駁也不行，要知道，只要妳稍稍反駁，妳就會捲入一場令人筋疲力盡的消耗戰。而且在這場戰爭中，妳沒有贏的可能，因為她把自己的看法當作神聖權威的摩西十誡，只集中於把自己的意見說清楚，根本不屑於和妳討論或交換看法。

☆ 極度悲觀

這些人總是戴著悲觀的眼睛看世界，再絢爛的事物都成了灰色。在她們眼裡，這世界簡直一無是處，到處都是傻瓜、騙子和各式各樣惡毒的人，甚至連氣候也變得越來越糟。

我認識一個女人，就屬於極度悲觀的那類人。每次遇到她，她都會沒完沒了的向我訴苦。比如，她會對我說：「剛才我去一個布料店買窗簾，在那等了十幾分鐘才有店員過來招待我。那些店員根本不忙，但可能覺得我不是有錢人，不值得熱情對待。其他店也是這樣，我最近真是受夠了。還有，我的身體也越來越差。醫生說，他很難想像我這段時間是怎麼捱過來的——我的整個消化系統都不行了。最近這鬼天氣，總是弄得我全身疼痛難忍。我這麼不舒服，我的丈夫總該懂得體貼我吧？唉，別提了，那不過是奢望罷了。」

若想把自己的好心情搞砸，最好的辦法就是和這種極度悲觀的人相處上十幾分鐘。悲觀的氣息就跟壞天氣一樣，具有強烈的不良影響力，妳心情的天空再晴朗，也很快就會被

感染得烏雲密佈。、

多愁善感的女孩最容易犯「極度悲觀病」，抱怨是她們生活的主題。她們一開口，通常是沒完沒了的抱怨。她們常常把自己放在舞台中央，讓聚光燈的焦點聚集在她們身上，可是卻沒有精彩的表現獻給觀眾，只有催人入眠的抱怨。

對這些不幸的「表演者」來說，最麻煩的是，她們並不知道自己的言談令人生厭。沒有人會故意惹人討厭，也許妳我也是這類型的人，只是自己沒有察覺罷了。這真可怕！

幸好，我們可以透過留心觀察聽者的一些細微表情動作，隨時警覺，避免給別人製造口水災難。以下幾種跡象是我們在與別人交談時需要注意的。

最易表露的一種跡象，就是聽者不時看手錶。演說家就對聽眾的看錶動作非常敏感。如果聽者在一分鐘之內連掃幾眼手錶，這就很明顯的告訴妳，他對妳的話題不感興趣，他急於離開。如果妳還不終止妳的訴說，估計他就要在心裡犯嘀咕了，甚至開始咒罵了。

另一種跡象也值得關注，有時聽者會出現不自然的微笑或眼神。如果我們正滔滔不絕的談自己的男友或丈夫有多優秀時，發現聽者坐立不安，卻又極力維持臉上逐漸僵硬的笑容時，我們應立即就此打住。

目光游移不定也是一個重要的警示。它提醒我們：對方對目前的話題不感興趣。例如

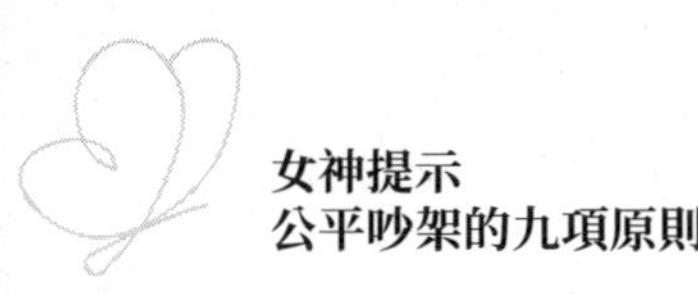

在一次雞尾酒會上，妳逮住了一個好聽眾。那個可憐的傢伙一邊禮貌的容忍妳的長篇大論，一邊用目光向外發出求救訊號，希望經過的人能把他從困境中解救出來。當然這個方法沒有作用——誰會那麼傻，去代替他受那份罪！這就只有靠妳的仁慈，及早停止話題放過他。

氣質女人的優雅談吐是學問、修養、聰明、才智的流露，不僅可以令異性頓生仰慕之情，同時也令同性嫉妒。如果妳也想使自己的談吐文雅動人，在擁有永恆的微笑和柔美的聲音的同時，必須遠離「無聊之味症」。

公平吵架的九項原則

不論是未婚情侶，還是已婚夫婦，為了各式各樣的理由以許多不同的方式爭吵是稀鬆平常的事。從來沒有吵過架幾乎是不可能的。吵架可以是伴侶關係中一種積極的力量——溝通彼此，但也可能成為傷害兩人感情的利器，這完全取決於兩人爭吵的方式。妳也許認為降低音量或者減少吵架次數可以減小吵架的殺傷力，事實並非如此。社會工作學博士說，改善吵架方式最重要的問題是：「吵架是公平的嗎？」

每場拳擊比賽都有裁判員來確保拳擊手遵守賽場規則。妳與伴侶吵架時可沒有第三者

做裁判，所以妳們需要仔細研究出適合妳們的規則和限制。以下是西姆幾個公平吵架的原則，妳可以依據它們制定自己的規則。只要妳們能遵守公平吵架的原則，就能將吵架的危害降到最小，使它成為彼此溝通的潤滑劑。

☆ 了解發生的事情

當妳感覺自己和伴侶之間將要爆發一場爭吵時，試著認真的研究出使妳們爭吵的潛在原因：

妳或伴侶是否僅僅是在發牢騷？妳是不是強烈希望伴侶去做某件事？妳的氣話是否說明妳們的愛情關係中存在著嚴重的分歧或衝突？

妳所採取的策略應取決於具體情況：如果伴侶只是發發牢騷，這時妳什麼也不說，讓他冷靜下來是個很好的主意。如果妳想讓伴侶做某事，直接的方法經常最奏效。如果妳們的爭論是讓妳們一方或雙方感覺很不好的老生常談，考慮尋求專家的幫助。

☆ 堅持就事論事

如果妳能避免人身攻擊或專注於自己想要完成的事情上，妳就很有可能讓伴侶以妳的方式看待事物。

例如，如果妳不喜歡他遲到，不要說「你完全不為別人考慮。」不妨試著說：「如果我

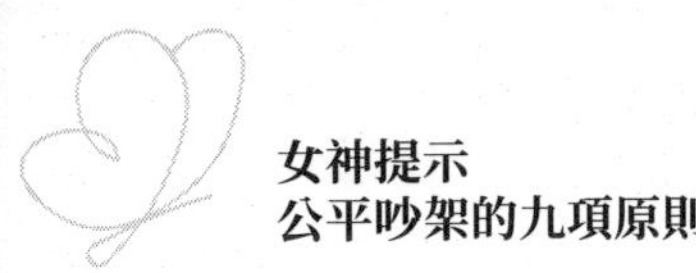

們能早幾分鐘到達，我會感覺更放鬆，也會過得更好。下次我們能不能這麼做？」

如果伴侶沒有感到受攻擊或被迫自衛，他就很可能會積極的回應妳。

☆ 不要翻舊帳

當人們捲入爭執中時，他們經常以一個問題做開端，然後延續到另外一個問題，最終除了廚房裡的水槽外，什麼事情都牽扯進來了，然後提出一大堆過去的怨恨。

每次僅談一個問題。如果妳們爭論的是家庭財政問題，就不要提出對方愛遲到的毛病，或他昨晚準備晚飯時把雞肉燒焦了的事情。如果妳不這麼做，談話必定會以爭論個性而告終。「你的性格和你媽媽一樣。」或「如果你不能改掉多疑的毛病，就根本解決不了問題。」即使再小的事，也會上升到個性問題，這樣做只會使對方感覺自己沒被愛和被尊重。

需要提醒的是，妳不是伴侶的個性矯正專家。解決他的問題不是妳的工作。尤其是當妳們處於爭執中時，試圖這麼做更是適得其反。

☆ 聽出言外之意

當兩人一起生活時，妳可能會抱怨對方總把妳當出氣筒。比如，妳的伴侶對自己每天下班後不得不面對尖峰時間的交通而感到心煩。但他沒有什麼簡單的辦法解決這個問題，所以他向妳挑起一場爭執，因為妳忘了買早上他要的一本雜誌。不要回擊他的氣話，相反

的，退一步並試著想想造成伴侶對妳提出刻薄需求背後真正令他懊惱的原因。

即使妳們的爭執是圍繞著婚姻之外的事情而展開，焦點也可以迅速的改變，特別是運用傷人話語的時候。不要讓吵架失去控制。許多爭執的起因是無心的評論或批評，然後不小心它們就升級了。妳們知道彼此最脆弱的弱點，所以可以輕而易舉的攻擊它們。面對攻擊，每個人的自然反應都是回擊，然後一場口水大戰就爆發了。

許多爭論在開始的時候任何一方都沒有惡意。但是如果妳把伴侶假想成要對付妳的對手，事情會很快失去控制。妳應該試著問問對方：「真正困擾你的是什麼？你的老闆是否仍然在那項工程的工作中給你過多的壓力？」妳可能會很吃驚的發現令他煩惱的事，其實跟妳關係不大或一點關係都沒有。

☆ 做最大限度的讓步

在成功的婚姻中，伴侶雙方必須能夠妥協和協商。有時，妳們會發現一些折衷方案。例如，如果妳想在海邊度過為期兩週的暑假，而他卻想在高爾夫球場練球，妳們可以用幾種不同的方法解決這個問題：

妳們可以既在海邊過一週，然後又在高爾夫球場附近的山莊過一週。妳們可以各自單獨過部分假期。妳們可以同意今年夏天去海邊，明年夏天去高爾夫球場附近的山莊。

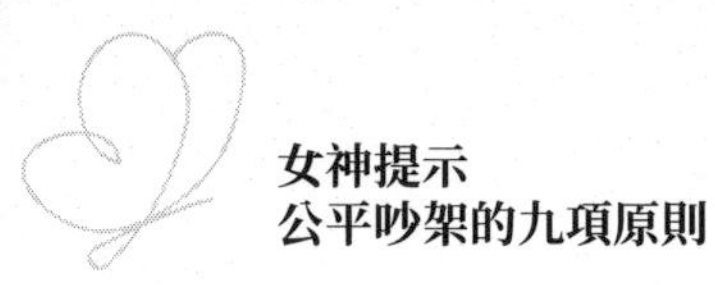

想想對妳們個人來說什麼是至關重要的事情——順從需求更強烈的一方。例如，如果妳的伴侶今年過得格外緊張，而妳又知道他覺得在高爾夫球場練球會非常放鬆，就做出讓步，採取他想要的度假方式。

需要注意的是，當妳做出讓步時，不要覺得自己像個失敗者。如果妳在重要的事情上順從於他，他很可能也會為妳做同樣的事情。

☆ 試著換換位置

在爭論中只關注自己的觀點而忽略伴侶想要說明的問題是很自然的事情。但這樣做相當於自言自語，結果必定使妳們不能以令雙方都滿意的方式解決問題。

試著換換位置。看看妳是否能令人信服的論證伴侶的觀點。如果妳們都能做到這一點，妳們就會真正懂得對方的觀點。

妳們的爭論不是為了打敗對方，而是為了解決問題。完全沒有必要像政客們那樣用各式各樣毫不相干的問題來攻擊他們的對手，婚姻始終應該是妳們兩個人的安全地帶。

☆ 不要擊中要害

當兩人的爭執變得白熱化時，人們常用的策略是攻擊對方的弱點，傷害對方的自尊。例如，如果妳明知道對方的工作能力一般，卻在爭論中攻擊他不能幹。

在爭執中攻擊伴侶的弱點無疑是最差勁的事。這些攻擊會產生許多不好的感覺，而這些感覺在爭執結束後，仍然會持續很長時間。

☆ 不要比高姿態

在爭吵中，人們常常會將手頭的問題棄之不顧，而奮力討論誰更好、更溫和、更體貼。弄清楚誰更好有那麼重要嗎？

在大多數情況下，當爭論的焦點從一個具體問題轉移到妳或他誰更高尚的爭執上時，沒有人能贏得勝利。

☆ 確保雙方都能接受

對於爭執有不同的解決辦法。有些爭執最好折衷處理，有的最好以有利於一方的方式解決。然而更多的爭執沒有明確的結果——它們可能會一而再再而三的重複出現。

妳們兩人都必須能夠接受爭論的結果，否則最終將會有人感覺到憤怒和怨恨。當一方在爭論之後覺得受到壓迫時，他的健康狀況就會受到影響。

如果妳覺得自己像個失敗者似的離開，那麼就沒有人真正的勝利。如果妳選定做出讓步，就不應該覺得對方在欺負或操縱自己，畢竟妳的出發點是為了更好的解決分歧。

如何提高愛的深度

對於女性來說，異性之間的愛是生活中不可缺少的魅力激素，一個沒有愛情澆灌的女性，日子久了就會失去女性溫柔和嫵媚的氣質。對於那些沒有愛情的妻子來說，情況也是一樣的。

妳想提高愛情的深度嗎？下面是一些不錯的建議：

☆ 每天表現愛心

對一千五百對夫婦進行調查研究，結果發現，大多數男性認為，妻子不懂得表達愛情是造成婚姻不和諧的第二大原因，僅次於性情粗野、碎念和挑剔。

許多女性都能從容面對突如其來的危機，她們像直布羅陀海峽的岩石一樣堅強，不斷的給予丈夫幫助。即使丈夫失業、患上嚴重的疾病，甚至被關進監獄，她們都不會被嚇倒。然而悲哀的是，當生活如流水般平靜的前進時，她卻陷入忙碌之中，忘記給予丈夫最渴望的愛情甜頭……

女人生來就是被呵護的、耳邊應該甜言蜜語不斷，這是許多女性堅持不變的觀點。而據我觀察，那些經常抱怨丈夫忽略自己、不懂得讚揚自己的女性，通常也很少對丈夫表示讚賞、表達愛意。她們最常做的就是挑剔和批評丈夫的缺點。有位心理博士對這類神經質

的女人是這樣描述的：「她們太愛自己了，而分給別人的愛少之又少。」其實，能夠從丈夫那裡得到關愛和誇獎的女性往往是那些能夠體貼的表達自己愛意的人。

美國心理學家德洛西是專門研究婚姻關係的權威，他說：「妻子們總是抱怨，丈夫常常無視她們的存在，從不注意她們身上所穿的衣服，從不讚美她們或者以任何形式表達對她們的愛意。其實，這些女性對丈夫也是同樣的冷淡。然後，她們會奇怪的發現，自己的丈夫正在追求那些懂得讚美他們，說他們英俊瀟灑、氣宇不凡的女人。男人也會犯愛情飢渴症，不僅僅限於女人。」

有人將夫妻之間很少向彼此表達愛比喻成「精神食糧匱乏之症」。因為男性需要的不僅僅是麵包，有時候，他也需要一塊撒滿愛的蛋糕。

☆別為小事抓狂

做一個可愛的女人，切忌將一件小事搞得天翻地覆，弄得人心惶惶。有責任心的女人常常犯完美主義的錯誤：孩子們太調皮，必須嚴加管束；頓頓晚餐都要做得可口；家裡要打掃得一塵不染。這樣的過分注重細節，只會導致一個結果：將身邊重要的大事忽略了。要用好的心情對待不好的事情，這樣愛情才能更加深厚。

婚姻學家說：「就我的經驗來看，完美的家務與甜美的愛情是很難並存的。當我看到

一個過分整潔的家庭時，通常會有這樣的猜測，而且很快能得到證實，那就是這個家的兩個主人——丈夫和妻子的感情就像他們機械化的整理家庭一樣，已經冷卻如冰。在某種程度上，甜蜜的愛情以及隨之而來的幸福，總會讓家裡顯得有些凌亂。很遺憾，這個世界沒有兩全其美的事。一個真摯而熱烈的愛著丈夫的女性，很少能成為一個完美的家庭主婦。」

婚姻學家先生的說法誇張而有趣，但也不無道理，值得我們去深思，尤其是對那些只見樹木不見森林的過於追求完美的家庭主婦來說，更值得省思。

☆ 寬容體諒他

愛情就是豐富慷慨的給予。很多妻子在大事上做出了犧牲，卻在一些不起眼的小事上顯露出她的小氣，比如嫉妒丈夫從前的女朋友。

如果妳的丈夫無意間提及他今天碰見了過去的女朋友，假如妳立即酸溜溜的追問，她是不是還和從前一樣，綁著土氣的辮子，說話大嗓門，舉止很幼稚，那妳就未免太小心眼太沒風度了。相反的，妳應該讚美她，如果妳實在想不出來，那麼至少也要編造一些。

我父親在和母親結婚以前，曾和一個迷人的長髮少女訂過婚。我記得每次母親提起那個女孩，都是讚不絕口，說她美麗大方，又很有人緣。這時，父親總是一邊裝作若無其事的樣子，一邊不好意思的偷笑。其實，在父親眼裡，母親比那個女孩漂亮，而母親也知道這一點，但是母親欣賞父親的眼光，這總是讓父親很高興。

寬容與體諒是慷慨給予的基礎，也是愛的體現。

☆感謝他做的小事

要經常對丈夫表示感謝。男人希望聽到妻子的道謝，尤其是當他們煞費苦心或無意的做了一些事情以後：帶妻子到劇院度過一個愉快的晚上；送給妻子一束玫瑰花；或者僅僅是每天早晨倒個垃圾等等。如果妻子把他所做的每件事情都視為理所當然而從不表示謝意，毫無疑問，這個丈夫遲早會停止做這些取悅妻子的事。

通常，我們沒有察覺到丈夫每天做了多少小事情，只因為我們對他所做的事情習以為常，理所當然的接受他的幫助自然也不會去謝他。以前我也認為我丈夫沒有幫過我什麼忙，他不會給孩子換尿布，甚至不會修理漏水的水龍頭，因此認為讓他為我倒杯水就是件大事了。直到有一次，他去外地出差，長時間的分離之後，我才驚訝的發現，他每天為我做了那麼多的事情，而我從來沒有謝過他。現在我只能親自去做那些事了。

☆互相諒解和體貼

一個深愛丈夫的妻子，應該先滿足丈夫工作回來後的需要，然後再考慮自己的需要。

如果丈夫想換上拖鞋休息一下，妻子卻打扮得花枝招展的想出去，這就不太好。

卡內基夫人在她的書中寫道：「戴爾和我結婚後，我們在奧克拉荷馬度過了婚後的第一個星期，戴爾要在那裡進行為期一週的系列演講。剛開始我還一心幻想著擁有一個迷人的蜜月：甜言蜜語、羅曼蒂克的情調、搖曳的燭光以及小提琴的演奏聲……然而事實卻是，我獨自一人坐在旅館寂靜的房間裡，孤單的欣賞著我的嫁妝，而我的新婚丈夫卻正和贊助人員們坐在一起，一邊研究他的演講稿，一邊和贊助人商討有關事務。他太忙了，我甚至要事先和他「預約」，才能和他見面。在那些我們能夠共處的短暫時光裡，我常在他面前發洩內心的不滿。面對我小女孩般任性驕縱的行為，戴爾並沒有要我收拾行李回到媽媽身邊，而是耐心的等待我變得成熟。真的，直到今天，我都覺得自己很幸運。只有成熟的人才懂得愛的真諦。

「也許有人會覺得女性所做的一切都沒有得到回報？也許有人在想，女性為了男性傾注了自己的愛，男性是否懂得用更深的愛作為回報？對此，我完全可以保證，男人們一定會！現在我的桌上就有一封信，一位丈夫在信中深情的說：「因為我娶了我可愛的妻子，所以我總是認為自己比大多數男性幸福得多。如果讓我再回到三十二年前，我仍然會選擇她，只要她願意嫁給我。我能取得今天的成就，是因為我可愛的妻子一直在我身邊支持我。我愛她是我所能給她的最大讚賞。」他的話道出了大部分男性的心聲。由此可見，一個付出努力的妻子一定會得到丈夫的熱愛。

互相的諒解和體貼就是一種深摯的愛。如果伴侶能夠從妳深摯的愛情中得到快樂和幸福，那麼，他將帶給妳更美麗、更幸福的生活，而快樂也會始終追隨著妳們的腳步！

如果說，智慧是一幅完美的素描，愛才能真正使女人增色。擁有愛的能力和被愛澆灌的女人，通常容光煥發，自有一種難以言表卻溢出身外的動人美麗。

這當然不是說美容和化妝毫無用處，而是相較於愛，美容和化妝僅僅是氣質女人生活中的日常細節。

六個補救辦法治療「碎碎念」

碎念是一種破壞性的心理疾病，如果妳不清楚自己是否具有這種毛病，問問妳丈夫就知道了。如果他說妳是一個愛碎念的女人，妳一定非常震驚然後憤怒不已，不過不要急於否認，那只會證明他的看法沒錯而已。妳所要做的就是正視這個問題，發現問題，因為一個人如果沒有意識到自己的錯誤，他是不會想到去改正它的。相反，如果妳十分清楚碎念給家庭帶來的危害，真心想改掉的話，下面就有六個不錯的補救辦法。

☆採用溫和的方式

「用甜的東西抓蒼蠅，要比用酸的東西有效多了。」想要達到妳的目的，不妨使用一些溫和的方法。「如果你願意去割草，親愛的，我將在晚飯時為你烤好你所喜愛的水果餅。」或者是，「親愛的，你真能幹，把我們的草地修整得這麼整齊，我真為你感到驕傲。隔壁張太太對我說過，她真希望她的丈夫能夠像你一樣勤快呢。」適度的讚揚是溫和方法的一種。生活中，溫和的處事方法，會讓妳收到意想不到的效果。

☆培養妳的幽默感

生活因為有了幽默而更加精彩紛呈。以幽默的方式對待發生的事情，會讓妳心情舒暢。那些常常為芝麻小事而不高興的人，無益於身心健康，早晚會精神崩潰的。有的妻子催促丈夫到浴室拿浴巾，丈夫的動作慢了點或沒理睬她，她們竟會大動肝火，嚴重程度令人難以想像。一個理智的女人從不會為一件便宜服裝付出法國名牌服裝的價錢，然而我們常見有些女人為一些不值一提的小事緊繃著臉，把甜蜜的愛情轉變成互相指責的怨恨。

☆讓家人監督

與家人事先約好，一旦妳無法控制怒火，或者就某個問題的細節開始喋喋不休的抱怨，請他們指出來並罰妳十元。

請相信碎念只會使他下定決心絕不屈服。如果妳提醒丈夫七次，說他曾經答應過要去洗碗，而他紋絲不動，說明他根本不想洗，大概也不會去洗了，那妳又何必還要浪費唇舌呢？

☆冷靜對待不愉快

夫妻在討論問題時，應該心平氣和，保持理智，應該力圖用對彼此的信任來消除引發怒氣的主要原因。如果發生了不愉快事件，不要急於爭吵，暫時先將想法寫在一張紙條上。等到雙方都冷靜下來時，再把事情拿出來仔細討論。如果過後發現是微不足道的小事，妳一定不好意思再提起。

☆學會激勵

學會激勵而不是驅使別人去做妳想要達成的事，這是人們在人際交往中必須掌握的一門藝術。根據心理學家的實驗，這種方法同樣適合操縱男人。當然，他的話是不會錯的，他正因為具備這種能力，才得到了一百萬的年薪。就像歌曲所唱的那樣，妳不能用一把槍套牢一個男人。同樣的，碎念更不能使他折服。那樣做，只會破壞他的精神，毀滅妳自己的幸福。

測試：妳正從生活中迷失自我嗎？

請仔細閱讀每一題的內容，然後根據妳的答案選擇每一題下方的一個數字，然後給自己評分：

〇是完全不符合，一是有些符合，二是很符合，三是完全符合。

1 我幾乎每天都處於空虛和悲傷之中。

2 我花了大量的時間去感覺緊張和害怕，我總預感著一些不好的事情將要發生，儘管沒有理由會出現這些不好的事情。

3 我經常害怕追求自己真正想要的東西，僅僅滿足於不需冒風險便能得到的東西。

4 最近我一直無法像過去那樣專心的思考，無法決定我生命當中大大小小的選擇。

5 我的工作雖然消耗大量精力，但是，我下班之後所做的家務瑣事卻更讓我筋疲力盡。

6 近來，我無法享受生活中的點點滴滴。

7 我並不想這麼害怕，但是我常常無法讓自己不害怕。

8 雖然我工作很努力，但是，我總覺得自己錯過了生活中真正重要的東西。

9 我過去有一個正常的、有規律的睡眠習慣，但是現在我的睡眠變得不正常（例如：要不就是得不到足夠的睡眠，要不就是睡得太多）。

10 儘管在女友的陪伴下我不感覺孤單，我還是沒有足夠的時間和精力與女友呆在一起。

11 如果事情進展得不順利，我總認為那是我的過錯造成的。因此，我經常覺得自己十分無用。

12 我總覺得很緊張。

13 即使事情進展得很順利，我也總無法對目前的生活表示高興，對將來的生活表示樂觀。

14 雖然，我並非有意造成體重的改變，但是我的體重在變化（例如：明顯的變重或變輕）。

15 即使生活中沒有任何事情和理由會使我的肌肉緊張，或使我處於「戒備狀態」，但是，我發現，自己總是處於那種情況當中。

16 我不想過前幾代人所過的那種「舊式」女性的生活，但是我無法打破這些舊習俗。

17 我總覺得自己筋疲力盡。但實際上只是有些疲勞。

18 儘管我努力嘗試，但我從未覺得自己的生活符合職業生活。

19 有時。我覺得自己要不是運動得太慢，無法按照自己的意願運動；要不就是自己

不停的運動，無法停止運動，無法冷靜下來。

20 有時我發現自己處於高度緊張和急躁的狀態之中，哪怕是小事情也容易反應過火。

要求：妳必須完成每一題，然後把妳所選擇的數字相加，就得出妳的總分。妳的總分應介於〇和六十之間；如果不是的話，那麼請把數字重新相加。在下面的總分範圍內，找到屬於妳自己的總分範圍，然後，看看這個總分範圍所對應的解釋。

少於十分

完全沒有迷失自我：妳並沒有從自己的生活中「迷失」。妳完全具有自我意識，妳自我調整得很好，妳可以考慮出自己的書啦！

介於十一分與二十分之間

偶爾迷失自我：妳可能出現一些輕微的焦慮症或抑鬱症的症狀，妳只是偶爾從生活中迷失自我。

介於二十一分與三十分之間

時常迷失自我：妳可能出現一些適度的焦慮症或抑鬱症的症狀，妳有時會一時間從生活中迷失自我。妳應考慮是否需要向心理醫生諮詢妳的症狀。

介於三十一分與四十分之間

嚴重的抑鬱症：妳可能會出現一些介於適度與嚴重之間的焦慮症或抑鬱症的症狀，妳會在大部分時間裡從生活中迷失自我。近期，妳應向心理醫生諮詢妳的症狀。

多於四十分

嚴重的迷失自我：妳可能會出現一些嚴重的焦慮症或抑鬱症的症狀，妳極常從自己的生活中迷失自我，妳必須向心理醫生諮詢妳的症狀。現在就撥打電話吧！

測試：妳把自己照顧得如何？

自我關愛圍繞著一個中心，即注意自己的生理、心理、情感及社會需求。它意味著安排好妳的時間，優先為自己考慮，只有當妳能夠照顧好自己，才能有能力去關照他人。回答下列問題，看看妳在自我關愛方面做得如何。

1．偶爾給自己一些合意的東西，如禮物或款待一下自己。
2．騰出時間進行娛樂活動。
3．我認為得不時的自私一點。
4．我希望在自己生病的時候，有人來照顧自己。
5．我安排諸如度假和外出旅遊等特殊活動。這樣一來，自己就有所期盼。

6．每天要確保有時間做一些自己樂意去做的事情。
7．我重視容顏及身體的保養。
8．當人們對我提出過分的要求時，我會加以拒絕。
9．出色完成工作時，我會褒揚我自己。
10．我飲酒絕不過量。
11．我有意識的進行鍛鍊，保持健康。
12．我有意識的騰出時間，同我喜歡的人交朋友。
13．我注意飲食健康，堅持每餐都進食。
14．我騰出時間，投身於引人入勝的、有意義的興趣愛好和活動之中。
15．有時即使要得罪人，我也要把自己的需求放在第一位。
16．我認為其他人有責任解決自己的問題。
17．我可以為自己制定工作進度但不總是全力以赴。
18．我主宰著自己的生活，不按他人的意願過日子。
19．我避免服用有害的藥物，不抽菸。
20．我能夠承認並談論自己的優點。

計分

做得很好得四分，做得一般得三分，做得較差得二分，做得很差得一分。

得分說明

五十四分以上高於一般水準：妳有很好的自我關愛意識，把自己照顧得很好。

四十到五十四分一般水準：妳把自己照顧得較好，但還能做得更好。

四十分以下做得較差：妳的生活不屬於自己，妳應當學會照顧自己。

第七章　春之女神波瑟芬妮

二、渴望改變
三、善於指使別人
四、永遠保持一顆年輕的心
五、沒有「自我」

女神修練

「自我寵愛」訓練

懂得如何寵愛自己的女人，會平衡自己的生活，不讓他人來破壞自己的生活，不讓自己的容顏被歲月悄悄的侵蝕，她們總是按照自己的意願來調適人生。

其實，每個女人的內心，都充滿了寵愛自己的欲望，只不過由於妳向來對自己「放任」慣了，所以妳可能一時不知道從哪裡做起。

下面是一些專家為妳提供的訓練項目，妳不妨照此施行。

☆ **永遠不要折磨自己**。

在妳的生活與工作中，壓力無時無刻不在，很多女人可能還沒有意識到，正是那些妳

認為不得不去承受的、日積月累的壓力破壞了妳的生活，讓妳在重壓下喘不過氣來。現在，妳需要重新認識那些帶給妳壓力的事情，並下決心來消除它們了。

如果妳的壓力來自感情上（這是很有可能的），妳需要一個徹底的了斷。許多女人在面對情感危機時，總是顯得優柔寡斷，或是毫無理智。

一年前，當我聽到文茵準備和男朋友分手時，我曾對她說，妳也許早就該這樣做了，並為她終於做出決定而高興。因為她的愛情似乎已經走進了死胡同，她對那個男人早已失去了感覺，可又沒有勇氣重新開始。一年過去，她仍然維持著現狀，守著她如死灰一般的愛情，她想有個家庭，有個孩子，可又不敢肯定身邊的這個男人是否是自己正確的選擇。眼前的男人，成了她生活中的一塊雞肋，食之無味，棄之可惜。如果妳的感情生活也是這樣一種情況，妳又怎麼開心得起來呢？與自己相戀多年的男友分手，並不是一件容易的事。可是，一旦妳認為這個男人並不是妳最想要的，妳就不該再拖泥帶水。記住，妳的未來永遠比過去重要。

如果妳的壓力是來自工作，那麼妳應當做出某種調整，除非妳覺得妳已沒有選擇的機會，事實上，我們永遠都有選擇的機會，而且這種機會往往不止一個，

只是妳不敢做出改變罷了。妳首先要相信自己能改變現狀，同時也能改變自己。妳可

以要求調換工作，或是辭職，或者轉行，還有如果妳覺得自己在某些方面需要系統的學習，妳還可以選擇讀書，為自己充電。

如果妳的壓力來自於家庭，如果妳有永遠做不完的家務，或者是挑剔的妳無法讓家裡時時保持妳所要求的整潔。這時，妳不妨請一個鐘點清潔工來分擔一部分家務，一般說來，這種花費很少，卻讓妳有一種很大的解脫感。

另外，妳還要切記，盡量不要使自己陷入債務、法律的麻煩中去。

☆ 讓自己快樂。

妳肯定有能讓自己感到特別輕鬆愉快的事，只是妳可能已經很久沒有這樣做了。煩瑣的工作與生活加劇了妳的惰性，妳忘了自己也曾有過單純的快樂與感動。

請努力回憶一下那些曾帶給妳快樂的事情吧，並確信它們至今仍對妳有著吸引力。然後，拿起筆來，將它們記下來，至少要記下三項。

快樂不是抽象的，它源自於妳對生活的愛與參與。因為只有妳自己才知道如何才能讓自己快樂，也許是一件心儀已久的漂亮首飾，或是一次從容的旅行，或許，只是靜靜的獨處時光。包括美食、運動、遊戲等等，都可能是帶給妳快樂的東西，所以千萬不要小看它們。

☆ 照顧好妳的健康。

妳從來都不忽視自己身體的小小變化，即使有什麼不適，妳也能儘早的尋求對策。所以，妳能讓自己的健康保持在良好的狀態。同時，妳也知道如何調適自己的心理，以消除各種心理問題的困擾。

管理自己的健康，需要一個完整的計劃，因為當我們處在健康狀態時，我們往往忽視自己的身體。妳需要為自己做以下的事情：

- 每年做一次全身的健康體檢。請醫生為妳的身體狀況做出總結妳對此要非常了解。
- 明白妳的家族病史。即使目前妳尚沒有任何症狀。也要對此十分小心。
- 每天定時做不少於三十分鐘的運動。另外，還要利用空隙時間，舒展身體。
- 避免激烈的情緒反應。不長時間陷入某種情感之中。
- 均衡攝取營養。
- 生活有規律性。不抽菸少飲酒。

當然，影響一個人身體健康的因素有很多，其中有很大一部分是我們所不能控制的，比如說遺傳因素，而且科學家們指出，一個人生病，在很大程度上是因為基因的差異。

不過，後天的因素同樣是非常重要的，在同樣的條件下，一個善於管理自己健康的女

人，看起來會更有活力和生氣，當然也更出眾有魅力。

☆掌握妳的現狀，把握妳的未來。

一個懂得寵愛自己的女人，不會讓自己陷入麻煩之中。妳不會在二十五歲時，向銀行舉債，買下一幢妳根本不需要的大房子。

事實上，單身的妳僅僅需要一間小公寓就足夠了。妳的未來有很多種選擇，過早的債務負擔，會影響妳生活的品質。

妳很有主見，能清醒的做出任何與自己有關的決定。妳對自己的每一個家庭成員都很了解，並知道如何恰當的與之相處。妳清晰的了解自己的目標與願望，

並盡力使自己得到滿足。

妳對自己的長處、短處都很了解，並能充分的揚長避短。妳從不找自己的麻煩，在對自己提出要求的同時，妳也很寬容自己。這兩點看起來有些矛盾，其實不然。要求自己努力去做，但在必要時，妳要承認自己的確有做不到的事情。

妳從不給別人過多的承諾，也不讓別人對妳抱有不切實際的幻想。

妳從不對自己的衣著打扮、身體產生厭惡情緒，妳知道怎樣討自己歡心。

一個會寵愛自己的女人，往往也是職場上的贏家、讓男人動心的追求對象、稱職的妻

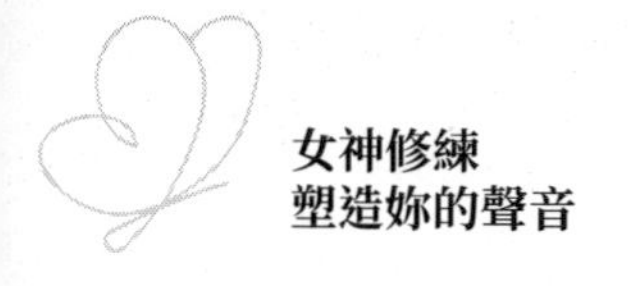

子與母親，生活對妳來說總顯得井井有條。因為妳寵愛自己，所以妳總能保持極佳的狀態，妳會將自己的活力與熱情傳遞給妳的同事、妳的家人，並深入的影響他們，這樣一來，妳的自我感覺會非常好！

塑造妳的聲音

聰慧的女子會時時注意自己聲音的力度、音調和速度。她像一個調音師，時時精心的聽著每一個音符奏出的整體優美的音樂。而溫柔的語言、親切的態度、婉轉的音調、平和的旋律，這些加起來，會使一個面貌平庸的女人變得異常有女人味且魅力倍增。這樣的女人，即使有一天老了，魅力也永不會丟失。

妳的聲音好聽嗎？想要認清自己的聲音並不困難，妳可以用錄音的方式，把自己說的話錄下來，仔細感覺自己說話的速度、音量、發音的部位，然後按下列方法進行檢查：

- 妳說得太快嗎？答案若為肯定，妳可能會給聽者一種神經質的印象。
- 妳說得太慢嗎？如果是，可能會給聽者一種妳對自己所講的話沒把握的印象。
- 妳是否含糊其辭，支支吾吾？這是一種缺乏安全感的明確標誌。
- 妳是否帶著牢騷抱怨的語調說話？這是一種自我放任和不成熟的標誌。
- 妳的聲音尖銳而刺耳嗎？這又是神經質的一種標誌。

- 妳用一種傲慢專橫的方式說話嗎？這意味著妳是固執己見的。
- 妳顯得做作嗎？這是一種害羞的標誌。
- 妳的聲音聽起來細弱、大舌頭，咬字不清或伴有呼吸聲嗎？

如果妳發現自己的聲音有不足之處，不用著急，只要拜訪一個好的發音指導老師，這些毛病不難糾正。

女人的聲音可以訓練，這跟女人的身材一樣。據說，所有的美國總統都受過聲音訓練。一些政府要員、公司主管、電視主持人等也會去參加聲音培訓，而培訓的重點就是強調降低聲調。

有一個著名的語言專家，許多政治家包括美國總統都到她那裡上過課。不管妳是誰，她給妳上的第一個小時的課，就是要求妳把聲音降低。儘管妳的聲音本來已經很低了，她還是讓妳降低。漸漸的，被培訓者就會發現，聲音應是從腹腔裡發出的，那樣才會很有力度，自然而絕不做作。

塑造聲音並不一定要接受專門的培訓，如果妳對自己的聲音不滿意的話，可以考慮買來一本兒童讀物，照著上面的拼音，閱讀練習。

妳也可以留心電台主播的說話方式。妳會發現播音員十分注意音調的高低變化。許多女性講話習慣於保持一種音調，時間長了，就會使聽的人昏昏欲睡，打不起精神。這樣，

再精彩的內容也不會引人注意，達不到與人交流的目的。所以，在保持低柔聲調的同時，略微有些抑揚頓挫就更完美了。

一般來說，播音員的吐字清晰、不帶口音，並在每個音節之間會有恰當的停頓。說話速度不會太快也不會太慢，而是一種有快有慢的節奏感。在主要的詞句上放慢速度以示強調，在一般的內容上稍稍加快。這些都可作為借鑑。

女人如果不注意聲音的培訓，即使妳本身是「鳳凰」最後也會變成「烏鴉」。有些女人的聲音過度刻板，很機械化，完全不能讓人產生幻想。失去聲音的魅力，就失去了女人的一大特徵。所以，女人應該像訓練身材一樣去訓練聲音，這能增加女人的自信並改變女人的命運。

聽懂對方的話外之音

當女人問：「出了什麼事？」男人簡短的說：「沒事。」或者「一切都很好」、「沒問題」等等。這些都是男人希望女人給他空間獨自解決困擾的簡短警告訊號。男人以沉默代替說明：「我很難過，我需要獨處的時間。」女人總是領會不到這一點，她常常用自己的理解系統解讀男人的話語。

當男人說：「沒什麼。」女人會認為男人不信任她，理解成了：「我不願和妳分享我的難過。」其實，他所想表達的意思是：「我可以處理我的問題，我不需要任何幫忙。」

當男人說：「沒事。」女人以為男人說的是：「我不知道是什麼在困擾我，我需要妳問我問題，來幫助我發現發生了什麼事。」他想表達的真正意思是：「沒有什麼困擾我的事是我不能掌握的。請別再問我任何和它有關的事。」結果，當男人想獨處時，女人反而因問問題而激怒了他。

「沒什麼大不了的事。」男人想表達的實際意思是：「我會妥善解決這個問題。請不要一直談論這個問題，那會令我更難過。」女人則可能聽成：「妳是沒事找事，這件事沒什麼重要的，不必反應過度。」

「沒問題。」男人想表達的實際意思是：「做這件事或解決這個問題對我而言有一定難度，但我很樂意接受這個挑戰，希望妳能以我為傲。」女人則可能聽成：「根本沒問題，為何妳會認為它是問題呢？」然後她可能產生錯誤的舉動，開始解釋為何她認為它是問題。

聽懂男人的言外之意，對男人發出的簡短警告訊號保持警惕，女人們就能遠離傷害。

把他人視為為妳的一面鏡子

妳在人生道路上前進時，不妨把他人視為妳的一面鏡子，妳可以從這面鏡子中，學到很多東西。

把別人作為榜樣。如果妳接受了「他人是妳的一面鏡子」這一前提，那麼妳的每一次遭遇，都會為妳反射出一個機會，妳可以借助這個機會，探索妳與妳自身的關係，並且不斷的學習新知。把別人身上讓妳仰慕的素質——他們的力量、才華和上進的品格——逐漸變成妳自身擁有的特徵。

從別人那裡吸取教訓。從對方身上妳可以發現妳自身有哪些方面令妳不能接受。每次妳被他人激怒、傷害或惹惱時，妳實際上正被賦予一個消除苦惱的良機。或許審視他人身上的弱點，是妳向他們伸出熱情雙臂的機會。

如果妳能夠以這種風格去對待人生，那麼讓妳憤憤不平的那些人，以及讓妳仰慕與愛戴的那些人，都可以被妳視為鏡子，引導著妳發現妳自身那些令妳拒絕接受的部分，同時把妳自身的最優秀的素質發揚光大。

把他人視為妳的一面鏡子，就是要妳把依靠評判「他人外在」而獲得的感知，轉變為終生探索「內在自我」而獲得感知。

妳的任務將是評斷妳針對他人做出的所有決定、評價及預測。並把他們視為能讓妳發現如何去療治自我、日趨完美的線索。

勇於嘗試

智慧之門有許多入口，通往內心有許多道路。我發現如果努力去做自己想做的事，嘗試未知的新事物，就能發現未知的智慧。投身新的體驗，尤其是涉足那些我們曾心存恐懼的領域，能幫助我們走進內心隱祕的深處，那地方一直在沉睡，等待著被發掘的契機。挑戰自身，才能發掘潛在的智慧。越是突破極限，我們的閱歷就越豐富，對待生活就越有信心。

妳會為自己而感到驚奇，因為妳現在仍然朝氣蓬勃（特別是妳如果善待了身體的話），因為妳在追逐激情時仍然精力充沛。覺得自己活得還不夠完美嗎?邁出第一步，擺脫挫敗感，叩響智慧之門吧。挑戰自己，去做沒做過的事，力量自然會產生。試試看吧，給自己一個擦出火花的機會，鼓勵自己去做以前不敢或不好意思做的事。也許妳想開個公司，追求長久以來懷有的夢想，或者妳想去念夜間部，關鍵是行動。

我有一位朋友的母親，她在許多方面很有才華，她一手養大了四個孩子，將家務打點

得井井有條，這大大鍛鍊了她的組織管理能力。在家庭安定了以後，她的媽媽在五十多歲時開始管理一家小小的診所，她的工作卓有成效。直到今天，她仍然包攬所有的文案工作，為五十三個醫生做帳。他們根本離不開她。她的母親每週工作五天，從早上九點到下午五點，毫無精力衰退的跡象。她從自己身上找到了全新的自豪感和自信心，認為工作使她保持青春。順便說一句，她的媽媽現在已經快八十歲了。

我們都需要充電，需要保持青春，需要一直學習、一直成長的方法。人世間有那麼多的可能性，有那麼多值得發掘的東西。妳可能認為自己那些隱祕的願望，比如學做瓷器或珠寶設計之類荒唐可笑，於是便把它們壓抑起來。把「可笑」從妳的詞典裡刪去吧，讓那個總在說妳已失去機會的聲音閉嘴，根本沒這回事！想要喚醒長期沉睡的種種激情，沒有比現在更好的時機了！

如果妳一直因故推遲行程，那現在就是出發探險、開闊眼界的時候了！如果妳一直忽視個人的興趣愛好，現在就是點燃興趣火花的時候了！誰知道呢？說不定妳還能把往事變成新的事業！

女神提示

做自己生活的主角

生而為女人，是天生的幸運，相信很多女人都同意這句話。臺灣作家三毛曾說自己下輩子還要做女人，因為男人活得太累，社會對他們的要求太多，他們永遠沒有退路。

相對而言，女人的生存環境則要寬鬆得多，她們進可以成為事業上的傑出女性，退可以成為一個賢妻良母，可以心安理得的分享丈夫的成功。

也難怪女人的平均壽命要比男人長許多呢。可惜，女人天生的優越性並沒有給她們帶來更多的幸福感。所以，在現實的物質世界裡，女人往往將自己的幸福

生活變得可望而不可及了。就連黛安娜、賈桂琳和夢露那樣傑出的女人，她們又何嘗得到過真正幸福的生活？

在這個世界上，不是每個女人都有幸能過上舒心的日子，美美的享受生活的。因為有的人只是生活在別人的影子裡，如果要想真正的享受生活，那就得做自己生活的主宰。

只有享受生活，而不是馬馬虎虎的過日子，對女人才更重要，因為對她們來說，這是寵愛自己的最終體現。

☆ 寫下妳心目中理想的生活。

思索並寫下妳心目中最理想的生活，並把它作為妳奮鬥的目標是重要的。因為如果連一個奮鬥的目標都沒有，妳哪裡能體會到追求成功的興奮呢？只有在妳為自己設定了理想的生活目標時，妳才能朝著它不斷努力。

所以，在開始享受生活之前，妳必須更清晰的認識自己。為什麼不去沏杯茶，然後在最舒適的那張椅子上坐下來好好思考一下呢？然後，妳可以在自己的記事本上，將妳的所思所想記下來。妳想讓自己成為什麼樣的女人，妳想過什麼樣的生活，妳未來的目標是什麼，如果不明白這些，妳就不可能真正的享受生活。

☆ 明白自己需要什麼。

只有當妳的生活方式來源於妳自身的價值觀念時，妳才有可能使妳自己過得幸福而滿足。妳希望生活得平靜、和諧、有意義，或者妳認為自己的生活太平淡，妳渴望改變，渴求新的生活內容，那麼妳是一個不安於現狀的人。妳的價值觀，最終會從妳的生活方式上表現出來，當妳明白自己的所需的時候，妳才能盡力去滿足自己。

☆ 學會享受不同的生活。

人是習慣性的動物，大多數的時候，我們不願去嘗試新的事物。每天，我們走相同的

路線去上班，去相同的超級市場買東西，用同一個牌子的化妝品，連口味也是幾十年不變。妳覺得過這樣的日子、重複一樣的生活有意思嗎？

事實上，熟悉的事物，往往能夠帶給我們某種安全感。很多人都有過這種經歷，幾個朋友相約去吃飯，經過一家店門口，一個人提議說：「這兒看起來還不錯，要不去試試看？」其中有人問道：「妳去過嗎？」如果這時大家都說：「沒有。」妳們很可能下不了決心馬上進去，而是繼續去找妳們上次去過的那家。

嘗試新的事物，有時候是要冒一點風險的，但同樣也會帶來更多的選擇機會，令妳的人生更為豐富、充實。也許很多人都意識到了，那些總是改變、總在嘗試的人，比起一成不變墨守陳規的人，活得更有激情、更有意義。

人生苦短，不應甘於平淡，怎能忍心將妳的生活交給習慣的力量來支配呢？每一個人都應該積極的進行新的嘗試。

☆ **不要讓別人來描繪妳。**

在商業社會，女人的幸福總是被描繪成某種特定的物質，比如高級時裝、名牌首飾、汽車或豪宅，為這些商品代言的女人，個個都是那麼光彩照人。事實，上，大多數的代言人，從來不用她們推薦的產品。

在商業社會裡，女人更需要擁有一雙能夠選擇自己的幸福的慧眼。除了妳自己，沒有人會真正關照妳的內心，他們在乎的，只是妳的錢罷了。不要讓外在耀眼的光芒干擾妳的生活，一定要知道自己是誰，什麼才是我需要的，因為我的幸福並不在於擁有人人都想要的東西，而是擁有我想要的。

☆ **去做自己想做的事**。

在每個人的生活中，都免不了有各式各樣的羈絆，那種絕對的自由是不存在的。一個意志不堅定的女人，往往會因為別人的一句話而改變自己的想法，或者放棄自己想做的事情。女人在婚後也總是被要求以家庭和孩子為中心，而將個人的理想放在一邊。除非妳能肯定自己不後悔。否則，不要輕易放棄生活的某個方面。

不要因為別人的要求而改變自己，或輕易做出重要的決定。不要害怕被別人說成是一個自私的女人，妳的每一種天分，都是上天給予的寶貴禮物，怎麼能輕易放棄呢？

☆ **做自己生活的主角**。

有些女人的生活，雖然看上去非常熱鬧，不同的人、不同的場景轉換得相當頻繁。可是，當妳仔細體會時才知道，她們並不是自己生活的主角，那些來來

往往的過客總是會喧賓奪主，毫不留情的掩蓋了妳的光彩。

不要讓別人成為妳生活的主角，無論這個人是妳的丈夫，或是重要的人物，也不要讓金錢或其他利益來支配妳。在妳的生活裡，別人或許是極為重要的，但他們不能取代妳的位置。

享受生活，它的內容可能是無所不包的，所以有時候，這會讓人覺得無所適從。一個懂得如何「自私」的女人，也往往更懂得如何享受生活。

清醒的快樂，才能更長久，而夢中的快樂，則恍如鏡花水月，一戳就破。

五句永遠不能對伴侶說的話

美國婚姻專家曾告訴我們，珍惜感情，很重要的一點是不說傷害對方的話。他說，錯話一旦說出來就很難消除它的影響，我們認識很多人仍在為配偶幾年前的一句氣話而氣憤不已。

婚姻專家總結出五句永遠不能對伴侶說的話，當然還有其他更多的。

☆ **「你從不」、「你總是」**

不可否認，男女在使用相同的字眼時，所表達的意思是不相同的。女人常常會採取最

嚴重的說法來表達她們的感覺。比如，女人會說：「我覺得你從來沒有在聽我說話。」

「從來沒有」這樣的字眼，女人只是用來表達她的感覺，尤其是當她對伴侶的所作所為（或沒有做某事）感到生氣時，就很容易誇大對方的行為，彷彿這件事概括了伴侶的全部個性。這可能有助於她發洩瞬間的失望，但是對於兩人的關係毫無好處。因為雖然女人並不真的認為是「從來沒有」，但男人卻把這種表達當真，因而常常表示反對，並因此引起爭論。

如果妳說「你從不幫忙做家務」，妳的伴侶很難做出積極的回應。當妳把別人逼入困境，妳還能期待些什麼？如果妳懂得責備並不能改變他人，也不能獲得妳想要的東西，妳就會改變自己的表達方式，以「我」而不是「你」來表達自己的感受。比如，妳不再說：「你總是在我需要你幫忙做家務的時候看足球賽。」而是換成：「如果你能幫我做些家務，我今天下午就會有時間跟你和孩子在一起。」

☆ **「你為什麼不能像……」**

「為什麼你不能像某某某那樣？」這是批評伴侶的一種間接的方式，也是試圖獲得妳想要的東西的無效策略。如果妳希望配偶更加配合，那麼說「我希望你能像某某某那樣」是很無禮的。

不要拿伴侶片面的缺點和別人比較。我們在評價人們個性的時候不能以偏概全。例如，妳的伴侶可能雖然沒有某某某那麼合群，但是他可能更聰明更體貼。

人們經常從外表上看起來更好，單方面的譏諷伴侶既不公平，也是對事實的歪曲。更糟糕的是拿伴侶最不招人喜歡的方面和別人最大的優點相比。如果將來妳有機會跟別人一起生活的話，妳將很快意識到和現在這個人在一起是多麼幸運。

如果妳想要伴侶做某件事，最好運用直接但不引起他反感的方法。如果妳想讓他更合群，試著說「你有這麼多有趣的觀點，如果你能和我們的朋友分享，我會很高興」比「你為什麼不能像……」要好得多。

☆「**我要分手**」

當妳威脅要離開伴侶或請他離開妳時，妳便破壞了妳們感情的基石。一般來說，除非妳已經對這件事進行過深思熟慮，並已經決定妳是真的要離開他，否則說出這樣的話就是大錯特錯。拿分手威脅伴侶在情感上跟打他一個耳光沒有什麼不同，因為妳無疑在說：「你真的很差勁，所以我要離開你。」這是對對方自尊、自信的一種嚴重打擊。通常的結果是，說這句話說多了的人，最後伴侶真的和她分手了。

☆「都是你的錯」

當人們為自己做的錯事或忘記做某件事而感覺愧疚時常常會說這句話。比如妳們要去外地旅遊，到機場後妳發現自己的身分證沒帶，妳就對伴侶吼道：「你應該在我們動身之前提醒我帶上身分證！」

當事情不對勁時，應該寬恕自己和伴侶。大多數日常的小事故不是任何人的錯。此外，每個人都有犯錯的時候。當錯誤發生時，試著找一些合乎時宜的幽默。

☆「那不是我的工作」

美好的兩性關係總是共同合作的結果。這意味著無論什麼時候，雙方都應該願意努力投入。即使一方在某個領域的貢獻較大，另外一方也應該時刻準備著在其他時候承擔更大的責任。

當妳用「那不是我的工作」這樣的話來回應伴侶的要求時，妳真正的意思是說「我對營造美滿的兩性關係並不感興趣。諸如「我不會做」或者「你比我做得好多了」這樣的回答實際上是一個意思。如果一個貧困家庭的妻子這樣想：「賺錢是男人的工作，所以我拒絕努力投入。」無疑，這會危及他們的感情。

按照各自的強項分擔責任，而不是按照有關性別的迂腐觀念分工，這樣的兩性關係才會和諧美滿。

如何巧妙的與異性保持距離

心理學家瑪格麗特．愛特伍說：「害怕有一種味道，愛情也一樣。」據說，興奮與擔心來自大腦的同一個區域。當男人略微感到一個女人要遠離他的時候，他的興奮就會被喚醒。男人的心智就像一株植物。它不僅需要水分，也需要新鮮的空氣。過多、過早的給男人吃定心丸，與他相處無間，無異於給植物澆灌過多的水，這反而會扼殺它們。

如果妳想與異性尤其是親密異性巧妙的保持距離，不妨看看以下原則：

☆ 保持獨立

不管妳是某個公司的經理，還是餐廳的女服務生，都無關緊要。妳有最真誠的生活。有自己的榮譽，妳不靠乞憐維生。

☆ 不糾纏對方

星星、月亮和太陽都有它們各自的軌跡。同樣的，妳也不會圍著他團團轉。當妳的星座圖喻示出他的水星正在遠離妳的金星時，妳不會再與他約會。妳不會糾纏他或是監視他。他可不是宇宙的中心。

☆　神祕莫測

正直與坦誠是有區別的。妳是正直的，但並不意味妳需要坦白一切。妳並不會明明白白的把自己的底牌放在桌面上。妳知道太熟悉會埋下不尊重的種子，甚至埋下厭倦的種子。

☆　讓他心急如焚

妳不需要每天晚上見到他，也不會在他的手機上留下長篇的留言。妳的名字不在他的祕書安排的一週計劃的第一位。其實，男人們也渴望愛。渴望愛的感受，也非常美好。

☆　不讓他看見自己的狼狽相

妳盡量不在思維混亂的時候與他交流，也盡量避免心煩意亂的時候與他溝通。妳會等到頭腦清醒的時候，再以簡明扼要的方式表達出來。

☆　自主安排自己的時間

妳故意放慢速度，特別是當他迫不及待的時候。妳以自己的節奏行事，而不是按照對方的腳步，目的是要防止受他擺布。

☆　保持幽默感

妳的幽默可以讓對方感受到妳的獨立思考。但是，妳不會嘲笑他，也不會對他不尊重。

☆自信

當他恭維妳時，妳會說「謝謝」。妳不會去阻止他的讚美，也不會詢問他前任女友的長相，更不會跟其他女人爭風吃醋。

☆他沒有特權

當他感覺到，妳不是對他「一旦擁有，別無所求」的時候，他會更覺得妳充滿了魅力。因為有要忙的事情，所以妳就不會為了見不到他而不高興。在妳心目中他沒有特權，沒有取得「固定停車位」，也沒有「專用通道」。他所得到的，不過是緊挨著「停車場出口」的一個「臨時車位」。

☆珍愛自己的身體

妳注重自己的外貌和健康。一個人如何保持他（她）的容貌，可以反映出其自尊自重的程度。如果他告訴妳，他不喜歡酒紅色的口紅，而酒紅色口紅能讓妳感覺良好，妳會照樣使用。

青春常駐的五個關鍵要素

時尚的女孩，高雅的白領女士，疲乏時她們都會想到泡泡溫泉、做做美容護理，希望

透過美容護理或按摩就可以達到放鬆舒緩的效果。這是女性護膚中存在的一個很大的美容誤區。

其實，只要女人注意日常生活中的很多細節和信手拈來的好方法，則無需耗費更多的錢財即能夠使女人的肌膚光潔亮麗、永保青春。

第一要素：心情好

中醫學很早就注意到「百想經心，內傷五臟，外損姿顏」，過喜過悲的心態產生的面部表情會導致皮膚的巨大變化。如開懷大笑時的魚尾紋、悲傷時的額頭紋、憤怒和憂愁時的眉間紋等。如果經常重複這樣的表情，久而久之皮膚就會失去彈性，產生很深的皺紋。

第二要素：睡眠足

在古人的養生保健中，「起居有常」是一個重要的內容，也是皮膚美容的要素之一。正常情況下，理想的睡眠時間是八個小時。因為一般來講，晚上十點到清晨三點是人體尤其是肌膚新陳代謝最旺盛的階段，腦垂體會分泌大量荷爾蒙使皮膚光澤有彈性。如果此時得不到正常休息，很容易在第二天造成皮膚蠟黃失色、眼圈發黑、乾燥長細紋。因此應當盡量改變熬夜的習慣，保證好的睡眠。睡前喝杯熱牛奶或用熱水泡腳或洗個熱水澡，舒緩一下身體，可以助妳早入夢鄉。

第三要素：多飲水

一般情況下每天飲用六到八杯水或二升到三升水才能維持皮膚含水量的平衡。喝水是有講究的，不是咕嚕咕嚕的亂灌一氣，晨起一杯溫開水有利於「打掃」腸胃，促進人體排出汙物或毒素。而早餐一杯牛奶、豆漿或果汁既補充了身體能量和營養，又補充了身體必需的水分。工作間多喝水能夠緩解疲勞，防止皮膚乾澀。晚餐湯粥都含水，營養物質全在內，餐後再吃一些時令水果，有助於消化和養顏。補水過程中應盡量少喝甜飲料，過多的糖分會使皮膚酸化而不利於皮膚的保護。睡前半小時左右，不宜再喝水，這樣可避免第二天早晨眼部浮腫及眼袋現象的產生。

第四要素：常通便

腸道內的「宿便」，是一些寄生蟲和細菌的良好培養基地，腸道內的一百多種細菌在攝取「養分」的同時也會不斷發酵、腐敗，產生有害的毒素和廢物，被腸道吸收人的血液，透過血液循環，將毒素和廢物帶到皮膚上，引起面部色斑、痤瘡、皮膚粗糙、產生皺紋和氣色難看等不良表現。中醫學很早就觀察到，經常大便燥結難解的人，皮膚也易早衰。唐代

醫藥家孫思邈在其《千金要方》中記述道：「便難之人，其面多晦。」多吃含粗纖維蔬菜和粗糧，可以加強腸道蠕動，有利於排便。

第五要素：均衡膳食

日常生活中既不戒葷也不拒素，每餐葷素合理搭配，不要過多攝取多脂多油多糖的食物，以免人體熱量過多，導致皮下脂肪堆積，引起肥胖、痤瘡和脫髮以及心血管疾病，多攝取一些優質的蛋白類，膠原類和含維生素豐富的食物，如魚蝦、油菜、金針花、玉米等。女性為了美容和養身的需要，還應經常選食一些具有補血養血的食療佳品，如銀耳枸杞湯、當歸紅棗燉烏骨雞等，以調理身心，達到美顏護膚之功效。

測試：妳的修養如何？

妳是否是一個有修養的人，妳的修養比起別人如何，要知道自己的修養如何，請做下面測試。

一、當妳的朋友做出妳極不贊成的事時：

A、妳再也不會與他往來。

B、妳會把妳的感受告訴他，但仍然保持友誼。

C、妳會告誡自己此事與妳無關，同他的關係依然如故。

二、妳很難寬恕嚴重傷害過妳的人嗎？

A、的確如此。

B、可以原諒他。

C、寬恕他不難，但不會忘記此事。

三、妳認為：

A、為了維護道德標準而指責別人是完全有必要的。

B、一定程度上指責別人是必要的，如從愛護的角度出發。

C、不應該指責別人。

四、妳多數朋友在性格上：

A、都和妳很相像。

B、各人的性格，彼此不同。

C、與妳大致上相同。

五、在妳工作時室外打鬧的孩子使妳煩心時，妳會：

A、因孩子們玩得高興而高興。

B、大發雷霆。

C、感到心煩。

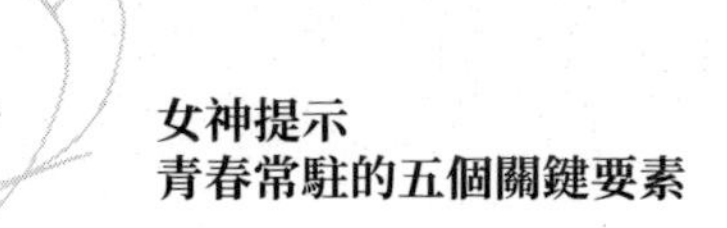

六、若出去旅遊時發現那裡的衛生條件很差：

A、妳很快就能適應。

B、妳對自己所處的環境一笑了之。

C、妳認為這個地方太不講衛生。

七、在下列三個品質中，妳最看重的是：

A、仁慈。

B、正直。

C、順從。

八、妳與別人（批評性的）議論妳的朋友嗎？

A、常有的事。

B、很少。

C、偶爾。

九、如果妳所討厭的人得到好運，妳對此：

A、妳覺得煩惱或忌妒。

B、說不太在意，但還是覺得這福氣應該屬於自己。

C、妳認為此事對他確實是件好事。

十、妳屬於下列哪種情況：

A、盡量使別人按照妳的信條看待或對待事物。

B、對不同的事物提出自己的觀點或意見，但不會為此與人爭論或盡力說服他人。

C、別人不直接問妳，妳便不會主動說出自己的觀點。

十一、妳的朋友生活雖過得很舒適，但她總向妳傾訴：

A、對他的述說表示同情。

B、勸他要振作起來。

C、約他一同出去走走。

十二、妳可能僱用精神崩潰、意志消沉、身體狀況不佳的人嗎？

A、這絕對不可能。

B、如果能證明經過一段時間治療確能康復，會僱用他的。

C、只要他能做一些適合他的工作，會僱用他的。

十三、對「道德是相對的」這句話，妳：

A、完全同意這種說法。

B、基本上同意。

C、根本不贊成這種說法。

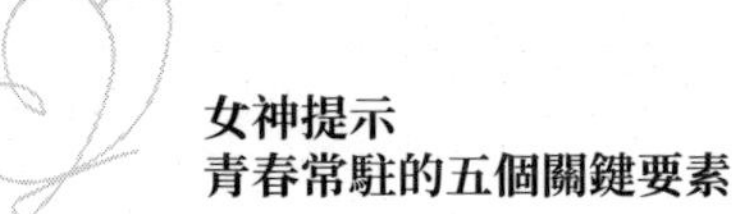

十四、當妳的觀點遭到別人反對時：

A、與對方爭論或發脾氣。

B、喜歡爭論，但能保持冷靜。

C、不去理論。

十五、妳閱讀那些與妳觀點不同的刊物嗎？

A、從來不看。

B、如果碰到的話也可以看。

C、看，而且還特別感興趣。

十六、下面的說法中，妳認為哪句話最正確？

A、如果對犯罪行為懲罰得嚴厲一些，犯罪分子就會減少一些。

B、社會狀況好一些，犯罪就相應少一些。

C、我認為了解犯罪者的心理最重要。

十七、下列說法，妳認為哪句最正確？

A、制定一些準則，對社會中人們的行為加以控制是必要的，但越少越好。

B、必須有章可循，因為人需要控制。

C、對人不應加以限制，因為人是自由的。

十八、如果妳是宗教信徒：

A、妳認為妳的信仰是唯一正確的。

B、各種信仰都是有一定道理的。

C、妳認為不信教的人就是罪人。

十九、如果妳不信教：

A、妳認為宗教信徒都是愚蠢的人。

B、妳認為信仰都是危險有害的。

C、妳認為信教僅對某些人是有好處的。

二十、對有些上了歲數的人大驚小怪或瞎操心反應是：

A、耐心的聽。

B、心煩。

C、有時是A，有時是B。

二十一、妳認為妳是正確的嗎？

A、經常。

B、很少。

二十二、如果妳暫住在與妳家庭生活習慣完全不同的人家裡，妳會：

A、能很高興的去適應這一切。

B、會因為住的地方混亂、無秩序或過分要求整潔而感到惱火。

C、覺得自己在短時間內還可以忍受，但時間一長就難以維持。

二十三、別人的生活習慣，妳是否覺得不順眼？

A、時常的事。

B、一點都不覺得。

C、有時。

二十四、妳最贊成下面哪些說法？

A、我們不應當對別人的行為妄加評論，因為沒有人能夠完全理解另一個人的行為動機。

B、人們應該對自己的行為負責，並承擔後果。

C、我們應當對別人的行為做出評價。

二十五、妳的觀點遭到比妳小的人反對時，妳會：

A、感覺不自在。

B、認為這是件好事。

C、感到生氣。

計分方法：

一　A得二分　B得一分　C得〇分
二　A得二分　B得〇分　C得一分
三　A得二分　B得〇分　C得二分
四　A得二分　B得〇分　C得一分
五　A得〇分　B得〇分　C得一分
六　A得〇分　B得〇分　C得二分
七　A得〇分　B得一分　C得二分
八　A得二分　B得〇分　C得一分
九　A得二分　B得一分　C得〇分
十　A得二分　B得一分　C得〇分
十一　A得〇分　B得二分　C得一分
十二　A得二分　B得一分　C得〇分
十三　A得〇分　B得一分　C得二分
十四　A得二分　B得〇分　C得一分

十五　A得二分　B得一分　C得〇分
十六　A得二分　B得一分　C得〇分
十七　A得〇分　B得二分　C得二分
十八　A得二分　B得〇分　C得二分
十九　A得二分　B得二分　C得〇分
二十　A得〇分　B得二分　C得一分
二十一　A得二分　B得〇分　C得一分
二十二　A得〇分　B得二分　C得二分
二十三　A得二分　B得〇分　C得一分
二十四　A得〇分　B得二分　C得一分
二十五　A得一分　B得〇分　C得二分

結果論述

十二分以下：

妳是一位很有修養的人，能夠充分意識到別人面臨的困難，理解他們的難處。妳可能會遭到別人的辱罵，但妳仍不會與他們發生爭執。妳會成為許多人喜歡的朋友。

十三到三十分：

妳還算有修養，在許多方面能容下別人的意見。妳不如多數人那樣的有修養。妳和朋友的友誼不會持續太久，妳在許多沒價值的微小事物上浪費了許多感情。

三十一到五十分：

妳是個沒有修養的人，平日專橫霸道，且不以理論事，妳不能容忍別人對妳做錯任何事，不能理解別人犯錯誤的原因。

國家圖書館出版品預行編目資料

學會寵愛自己, 走到哪裡都是女神降臨 : 不看眼色、不受擺布、不為別人而活, 向 7 位希臘女神學習做一名極品女人 / 恩茜著 . -- 第一版 . -- 臺北市 : 崧燁文化事業有限公司, 2021.11

面 ;　公分

POD 版

ISBN 978-986-516-901-5(平裝)

1. 修身 2. 生活指導 3. 女性

192.15　110017302

學會寵愛自己，走到哪裡都是女神降臨：不看眼色、不受擺布、不為別人而活，向 7 位希臘女神學習做一名極品女人

作　　者：恩茜
發 行 人：黃振庭
出 版 者：崧燁文化事業有限公司
發 行 者：崧燁文化事業有限公司
E-mail：sonbookservice@gmail.com
粉 絲 頁：https://www.facebook.com/sonbookss/
網　　址：https://sonbook.net/
地　　址：台北市中正區重慶南路一段六十一號八樓 815 室
Rm. 815, 8F., No.61, Sec. 1, Chongqing S. Rd., Zhongzheng Dist., Taipei City 100, Taiwan (R.O.C)
電　　話：(02)2370-3310　　傳　　真：(02) 2388-1990
印　　刷：京峯彩色印刷有限公司（京峰數位）

定　　價：360 元
發行日期：2021 年 11 月第一版
◎本書以 POD 印製